广州市荔湾区文化广电旅游体育局

《泮塘五约口述史》编委会

主编

口述史 泮塘五约

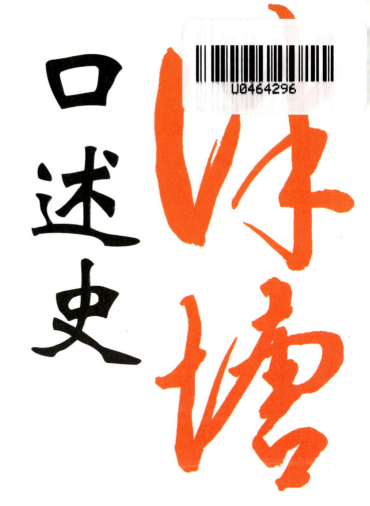

广东旅游出版社
GUANGDONG TRAVEL & TOURISM PRESS
悦读书·悦旅行·悦享人生

中国·广州

图书在版编目（CIP）数据

泮塘五约口述史 / 广州市荔湾区文化广电旅游体育

局，《泮塘五约口述史》编委会主编 . -- 广州 ：广东旅

游出版社， 2025. 4. -- ISBN 978-7-5570-3446-7

Ⅰ . K296.55

中国国家版本馆 CIP 数据核字第 2024HD0282 号

出 版 人：刘志松
责任编辑：张晶晶　　黎懿君
责任校对：李瑞苑
装帧设计：谢晓丹
责任技编：冼志良

泮塘五约口述史
PANTANG WUYUE KOUSHUSHI

广东旅游出版社出版发行

（广州市荔湾区沙面北街71号首层、二层）

邮 编：510130

电 话：020-87347732（总编室） 020-87348887（销售热线）

投稿邮箱：2026542779@qq.com

印 刷：佛山家联印刷有限公司

（佛山市南海区桂城街道三山新城科能路10号自编4号楼三层之一）

开 本：787mm×1092mm　16开

字 数：100千字

印 张：13.5

版 次：2025年4月第1版

印 次：2025年4月第1次印刷

定 价：68.00元

编纂单位及团体

中共广州市荔湾区委宣传部

广州市荔湾区文化广电旅游体育局

象城建筑规划设计（广州）有限公司

广州市荔湾区翻屋企营造社区促进中心

泮塘五约村民

序言一

　　文明因交流而多彩，文明因互鉴而丰富。文明交流互鉴，是推动人类文明进步和世界和平发展的重要动力。荔湾地处传统中国与世界交流的前沿，是岭南文化的重要中心，而位于荔湾西郊城市与乡村之间的泮塘为对外文明交流提供了人文胜景与水乡风貌的中国想象。

　　荔湾泮塘历史悠久、文化积淀深厚、风貌保存完好。早在汉初陆贾至南越筑泥城时，珠江冲积的泥沙在泮塘一带已形成了连片的滩涂和沙滩；自唐代起泮塘地区开始建设林苑，唐咸通年间岭南节度使郑从谠在泮塘构筑荔园；而后泮塘逐渐发展成为皇家林苑，南汉时建昌华苑，广袤二十余里；元代开辟御果园，栽植里木树以制"渴水"；明代泮塘地区庭园构筑渐多，河涌、池沼、林苑的自然景致融入了人文景观，"荔湾渔唱"被列入明代"羊城八景"。清初屈大均《广东新语》记载："广州郊西多是池塘，故其地名曰'半塘'。"也由于沙溪密布，半陆半溪，故又称为"半溪"。上世纪二十年代，荔枝湾涌连通珠江，"游河"成为当时西关盛行的游玩活动，一批公馆别业随之落地泮塘。1959年，依傍在泮塘的荔湾湖公园建成，成为广州城区内重要城市公园。

　　泮塘自东向西，共分首、二、三、四、五约（"约"字用在地名中，表示村民聚居点），其中首、二、三约已在上世纪完成了城市化进程，四约还保留一部分村落的格局，而五约则完整保留了清代格局、肌理和典型朴素的古村落风貌特征。2016年泮塘五约微改造项目启动以来，泮塘五约传统古村的风貌复露珠光，村民的幸福感和获得感大幅提升，文物古迹得到充分保护，文化礼俗得以有效传承。

荔湾作为岭南文化的中心核心区，拥有丰富的文化内涵和独特的文化魅力。多年来，荔湾区委、区政府以坚定文化自信、保护传承岭南文化为使命，用"绣花"功夫赓续千年城脉文脉，不断探索城市更新和文化传承的交汇融合，提升文化软实力和影响力。泮塘五约微改造项目成为可圈可点、可学可研的经典案例，"绣花"功夫在这里穿针引线，绘就新旧并存、古今融合的美丽图景，"绣花"功夫也激活了埋在村民记忆里的奇闻轶事、传统习俗，让泮塘五约更加鲜活、可爱起来。

真实、全面记录这些尘封的记忆，既是敬畏与传承，也是责任与担当。由此，我们以感情为媒介，以访谈为手段，走进村民的生活和情感世界，重拾村民的乡愁记忆，那些断断续续、点点滴滴的记忆让我们深为感动。经过梳理，便有了这本《泮塘五约口述史》，期望在讲好泮塘五约历史故事的同时，展现多姿多彩的文化荔湾，为文化强区建设贡献微薄力量，也为以"口述历史"的方式传承优秀传统文化提供一种参考。

是为序。

《泮塘五约口述史》编委会

序言二

　　泮塘五约是一处富含历史文化内涵的古村落，自北宋初建至今，世代生长在这片土地上的祖辈先贤，用他们的勤劳和智慧，创造和沉淀了丰富的历史文化。时光荏苒，沧海桑田，在当今城市化发展大潮中，泮塘五约昔日的水乡田园虽然已经不再，但变化的是时代，不变的却是情怀。只要这个村落还在，曾经的故事也会生生不息地流传下去。

　　历史文化是国家和民族生存发展的灵魂，近现代以来，泮塘五约虽然经历了旧民主主义革命与新民主主义革命等多个历史时期的洗礼，村民心里的文化情结一直难以被撼动。但是，在以经济发展为主题的今天，泮塘五约传统文化的生存状况却显得十分尴尬。例如，泮塘的农耕文化一直是靠村民的劳作和实践来口授身传，不存在农耕文献的记载，没有了农田的泮塘五约，世代积累下来的耕作经验很快就会在经济大潮中湮没；又如，宗族文化也因为社会城市化的高速发展使宗亲族人的聚居方式发生改变而日渐走向式微。

　　所幸的是，各级政府于2016年3月支持和启动了泮塘五约微改造项目，使传统古村焕发新活力，也全方位激活了泮塘五约固有的历史文化内涵，文化的保育和传承得到社会各界的重视。为此，五约村民都不约而同地有了一个心愿，就是要尽量将泮塘五约乃至泮塘乡一些具有代表性的历史文化元素，用文字的方式记录和保存下来，这便是《泮塘五约口述史》形成雏形的契机。

　　五约村民的意见统一后，决定采用由口述记录的形式来编写《泮塘五约口述史》一书。2017年起，编写团队与五约乡亲代表进行对接，共同敲定了口述史的内容框架；2018年至2019

年间，编写团队采用访谈形式向众多五约村民采集了口述内容，并将口述内容进行编整归类，形成了初步的文字素材；2020年遭逢大疫，编写工作受到冲击；2021年中重启该项工作后，编写团队再次邀请五约村民补充事实材料，并对全文内容进行修订，直至形成最后的初稿。2023年在荔湾区文广新局的支持下，得以让这本初稿再次编纂最终定稿出版。

本书的形成凝聚了五约村民和编写团队的大量心血，参与提供口述内容的都是"生于斯、长于斯"的泮塘五约村民，他们对本村的传统文化都有着深厚的情结，忆述起来，如数家珍。编写团队也通过多次访谈，多方求证的方式，原汁原味的记录了大量珍贵的口述历史，并从地域概况、社会发展、宗族文化、农业文化、礼俗文化、传统文化、生活文化、历史名人等众多方面，对泮塘五约的历史进行详细记录。

泮塘五约的祖辈先贤在生活中创造了历史，今天我们也要用历史服务好泮塘五约的村民。我们相信《泮塘五约口述史》的成书，将会加深人们对泮塘传统文化的认识和了解，并有助于泮塘传统文化在新时代的保育和发展。

岁末，泮塘乡亲和编纂团队邀请我为本书作序，我深感荣幸，在此祝愿我的乡亲们永远健康和幸福。在本书的编撰过程中，有多位提供口述内容的泮塘五约资深前辈已先后作古仙游，不胜唏嘘，在此深切怀念。

泮塘五约村民　黄良辉

2023年霜月

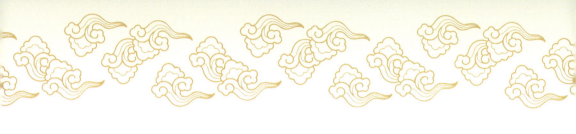

1

第一篇

筚路蓝缕　岁月留痕

第一章

泮塘概况

一、"泮塘"名字的由来

　　泮塘所在的西关一带，在唐代前后由珠江冲积而成陆地，地势低平，河涌纵横，低洼处往往是积水湖沼。乡民利用这一地形，筑基为塘，基上栽植荔枝、龙眼，塘内种植莲藕、菱角等水生作物。由于一半是池塘，故约定俗成称为"半塘"。清初诗人屈大均在《广东新语》里也有记述："广州郊西，自浮丘以至西场，自龙津桥以至蚬涌，周回廿余里，多是池塘，故其地名曰'半塘'。"①

　　另有一种说法，西周时诸侯所设大学，形制仅相当于天子所设大学"辟雍"的一半，因而名曰半宫，而在古代半、泮相通，后人也就将学宫称为泮宫或泮水。由于进入学宫要跨过泮水上的石桥，入学宫读书就又称"入泮"。"泮塘"之名，既有地理景观含义，又具祈望本地学子"入泮"成才，祝福当地文运昌盛之意。

　　关于泮塘这个名字，也有一个传说"泮塘村从前有个塘，保持一塘满水，其他的塘水即便干了，但这个塘都是满的。某年天气大旱，用池塘水来灌溉，奇怪的事情发生了，剩下一半后，池塘水位就再也不降了。次日塘水又满了，村民因而把这个村定名为'半塘'，别名叫半溪，有些人叫半水，但这些都是别名而已，半塘比较多人称呼"，后来加三点水是怎么个来历呢？这里另外有一段古。"从前有个先生，去到半塘就问这里是什么地方，村民说叫"半塘"，是一半的半，先生听了就笑着说，半半声有什么好听的，加多三点水的泮不是更好，村中的父老听闻觉得有三点水的泮即是"入泮"，"入泮"将是入学堂读书的意思，村里都想出人才啊。那从此半塘的半字就有三点水，并且村民合资建起了一座文塔，表明村民对文化知识的热爱和向往"。

　　无论如何，泮塘的地理坐标和人文历史却是独一无二、无法复制的。刊刻

---

① （清）屈大均，《广东新语》卷27《草语》，北京：中华书局，1985年，第704页。

于清乾隆五十年（1785年），今藏于泮塘仁威庙的《重修仁威古庙碑记》即提及："泮塘地附郭，多陂塘，有鱼稻荷葵之利，无沮洳垫隘之苦，似神之独厚于是乡者"。得天独厚的地理环境，造就了"泮塘五秀"、泮塘醒狮、泮塘龙舟等充满魅力的泮塘文化元素。

二、泮塘村域地理格局变迁

广州泮塘仁威庙前牌坊的一副古楹联"浴日湛珠江，源接烟雨石门，四海共沾帝力；龙津连泮水，派通虹桥荔岸，千秋共沐仁威"，不仅明确了仁威庙的历史地位，同时也详细地描述了泮塘与周边的地理环境关系。根据村民回忆："泮塘有五个约，今天的华贵路、荔湾北路口一带，就是历史上泮塘首约、二约的所在。早在二十世纪五十年代，伴随着城市建设的发展，首约、二约均已消失无踪。而三约所在的位置，则在今天荔湾路至富力广场一带，在20世纪末21世纪初也变成了楼盘。从富力广场一直到泮溪酒家，就是四约的范围。三约、四约的布局，因为城市建设的需要已经遭到不同程度的破坏。如今只余泮塘五约的格局尚算相对完整"（李姓村民X）。

由此可见，历史上的泮塘村域范围广大，除村民口述外，进一步核查史料，可以分析出泮塘村域的范围变迁，主要有以下几个阶段。

唐宋元明

按，古代广州地段的珠江江面颇为辽阔。江中曾有多座石质小岛。其最著者为海珠石、海印石及浮丘石。浮邱石在今中山七路东段，东距西门口约250米，其北端入今将军里，南端至今李家园，在宋代以前为江中礁石，直至北宋初年仍为船舶靠岸的地方[1]。据此以推，今天泮塘绝大多数区域，在

---

[1] 曾新，《明清广州城及方志城图研究》，广州：广东人民出版社，2013年，第58页。

当时都是江面，或是近岸的一些沙洲小屿。因此，泮塘原名半塘，因旧时泥沙冲积而成，四周遍布池塘，占地一半有多而得名。

但相传唐末曾任岭南节度使的郑从谠，曾在这里建有荔园，当时的诗人曹松在游览荔园之后，留下了《南海陪郑司空游荔园》的诗篇①。故此，晚唐南汉就有人在泮塘定居，并筑基围田，使村居建筑、农田与海分隔，当时在基围上种了许多水杉树（挖荔湾湖公园时发现许多水杉树头），有史料记载称为"郑公堤"。

关于泮塘村的最早历史记载可追溯到宋代。仁威庙清同治六年（1867年）的碑文中提及"庙（仁威庙）创于宋皇祐四年"。全村最早的聚落形态围绕龟背形地块展开，南北两侧都是河涌，排水顺畅，而五约直街在这个微小坡地的脊岭，保证了村子不易受到水侵。泮塘的东西两侧，分别有风水榕和区域级别镇水的庙宇（仁威庙），保佑着这片土地。

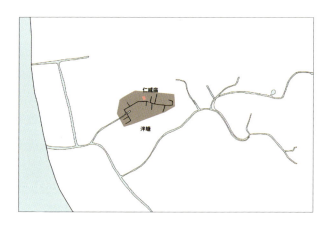

宋代时期的泮塘

清代

清初屈大均在《广东新语》中提及："广州郊西，自浮丘以至西场，自龙津桥以至蚬涌，周回廿余里，多是池塘，故其地名曰'半塘'。"②"半

---

① 《全唐诗》卷717《曹松二》，北京：中华书局，1960年，第8244页。

② （清）屈大均，《广东新语》卷27，北京：中华书局，1985年，第704页。

塘"之名揭示了当时的整体地理特征。此外，屈大均还记述称："逾龙津桥而西，烟水二十余里，人家多种菱、荷、茨菰、蕹、芹之属，其地总名西园矣。"①"烟水二十余里"，说明当时泮塘地区还是沼泽之地。

由于清初禁海政策的施行，这一片沼泽之地有大量外来人口进入，《广州城坊志》引《南海百咏续编》记载称："（康熙）二年，侍郎科尔坤来粤，勘明潮州近洋六厅县，广州近洋之番禺、东莞、新安、香山、顺德、新宁六县所有沿海蜑民，悉徙内地，一切田园庐舍，概行拆毁，地方文武严查其出入，以杜海寇之接济。一时失业者咸聚珠江，巡抚李士桢乃令各县分地安置，无令失所。番禺蜑户约万人，遂择柳波涌以及泮塘西村，准其结寮栖止。"②而后至清末时期，泮塘属南海县恩洲堡的十八乡之一，是恩洲十八乡中的第一乡。

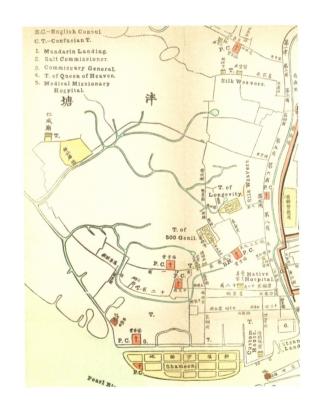

19世纪西方人所刊 广东省城图（泮塘部分节选）
（资料来源：国家图书馆）

---

① （清）屈大均，《广东新语》卷17，北京：中华书局，1985年，第471页。

② 黄佛颐，《广州城坊志》卷5，广州：暨南大学出版社，1994年，第289页。

除此之外，在清代泮塘地区是文人墨客、富商大贾建置庄园的理想之地。《广州城坊志》引清代《荷廊笔记》称："广州城外滨临珠江之西多隙地，富家大族及士大夫宦成而归者，皆于是处治广圃、营别墅，以为休息游宴之所。其著名者，旧有张氏之听松园、潘氏之海山仙馆、邓氏之杏林庄。顾张、邓二园，辟地不广，一览便尽。其宏规巨构，独擅台榭水石之胜者，咸推潘氏园。"[1]这段话中所说的"潘氏园"，指的是潘仕成建造的海山仙馆。从1888年的陈氏书院筹建者编绘的广州地图中，就可以看到当时在泮塘周边有潘园、陈园、小田园、刘园、彭园等多处私家园林。

而泮塘的村落形态则以直街为中心，拓展出其他主路和支巷，同时，村民在周围的泥塘水田种植"泮塘五秀"（马蹄、茨菇、茭笋、莲藕、菱角）。村中老人提及："以前泮塘都是滩涂地，稍高的就搭个棚来住，……十三行商贸发展之后，把滩涂逐步围垦，不种桃，开始种荔枝，这片地方才开始发生大变化。很多人在这发达后，才逐渐把滩涂堆填起来盖房子。三官庙前后，是清代前后才盖的房子。"（李姓村民A）

到清末时期，从1900年的粤东省城图上可以看到，今西关的龙津路、多宝路和宝源路地区已初步形成，但荔枝湾至泮塘一带还是城郊，尚未被开发。

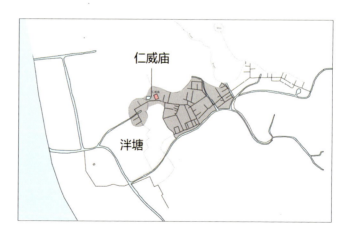

清末时期的泮塘村（图片来源：象城建筑）

---

① 黄佛颐，《广州城坊志》卷5，广州：暨南大学出版社，1994年。

1900年粤东省城图（清光绪）（资料来源：广东省档案馆）

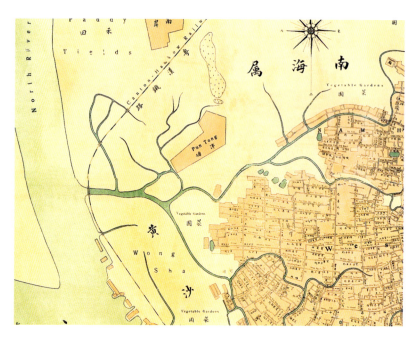

光绪三十三年（1907年）广东省内外全图（泮塘部分节选）（资料来源：广州市档案馆）

民国

  民国时期，西关住宅区进一步向西扩张至泮塘附近，现逢源大街片区已基本成形。泮塘周边的池沼被开发为池塘，种植有以"泮塘五秀"为主的农作物。而随着1920年代起荔枝湾涌至珠江的游河活动兴起，逢源大街与荔枝湾涌交界地段建起数座别墅公馆，兴盛一时。新的别墅公馆、骑楼建筑、医院、学堂及马路在这一片区的修筑，也影响着这一片区的景观变迁。

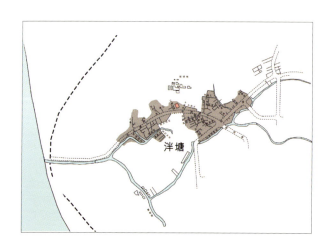

民国时期的泮塘（图片来源：象城建筑）

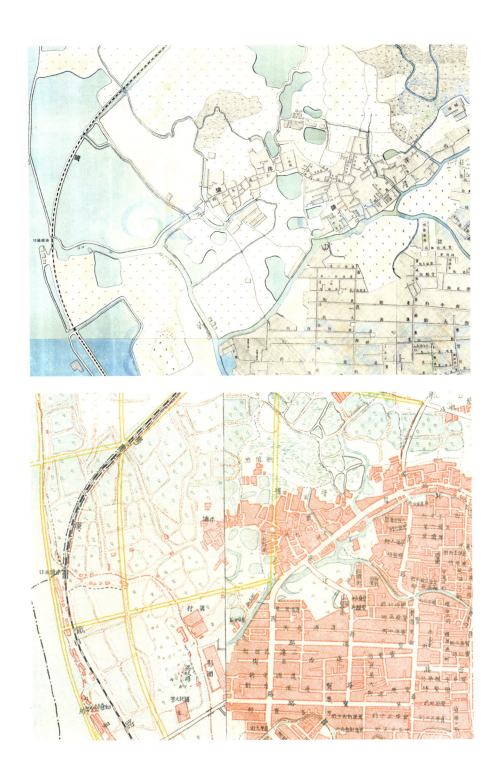

1　1918年广州市图（泮塘部分节选）（资料来源：广东省档案馆）

2　1928年《广州市图》（资料来源：广州市档案馆）

根据口述绘制的泮塘村域范围（底图资料来源：1948年《广州市街详图》，广州市档案馆）

中华人民共和国成立初至改革开放

1949年后西关地区迎来市政基础设施改善，中山八路等重要城市干道开通，荔湾湖公园建成，成为泮塘地区重要的城市公园，而紧邻荔湾湖的泮溪酒家于1960年建成。荔湾湖周边河涌得到整治，部分河涌转为暗渠。西关地区开始出现工厂、仓库等设施，农业生产规模不断缩减。但泮塘仍然是市内重要的蔬菜生产基地。

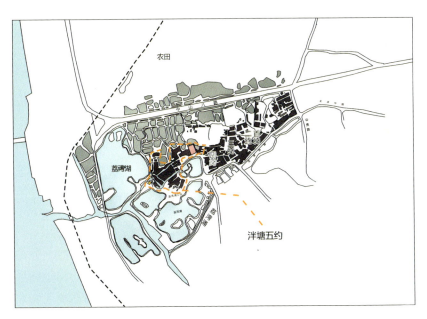

中华人民共和国成立初期的泮塘（图片来源：象城建筑）

20世纪末

1980年代随着经济发展成为重要目标，大量农田、水塘被填土作为建设用地，而在荔湾湖周边地区建了各类工厂、仓库，某些住宅区内部也建了部分小型工厂，工业生产基本取代农业生产成为生产方式。荔湾湖周边环境受到影响，一说荔枝树因工业污染不再结果而被砍掉，20世纪末，荔湾西关地区许多河涌被处理为暗涌，其上筑起道路，泮塘村内的河涌也被填埋。

13

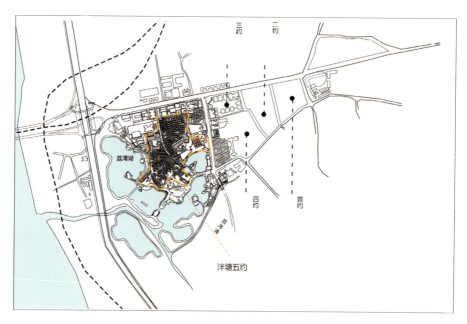

20世纪末的泮塘（图片来源：象城建筑）

21世纪初

21世纪初，连接龙津西路和中山八路的泮塘路开通，泮塘村被一分为二，连接泮塘四约和五约的村巷小道被切断。同时沿中山八路开始出现高层住宅，泮塘村各约的仍持有农民户口的居民，大部分也搬入新建高层大楼居住，荔湾湖周边不断出现新的高楼大厦。

随着2010年前后荔枝湾涌揭盖复涌，荔湾湖周边环境及区域活力得到极大改善。但中山八路两侧的高层建筑进一步增加，泮塘首约、二约也逐渐被高楼大厦所占据。

2016年洋塘五约航拍（图片来源：象城建筑）

三、泮塘行政区划变迁

明代时期，泮塘所属南海县恩洲堡的十八乡之一，清代沿用明制；1928年将部分恩洲堡的地区划归广州，但1940年又将原恩洲堡地和恩洲乡合并编为第十一区。

1949年10月14日，广州解放。当时的市军管会接管了国民政府在今天荔湾区域内设置的长寿、西禅、逢源、黄沙、陈塘、沙面、西山、南岸、太平等区，同时成立各区人民政府。1950年6月，西禅区与长寿区合并称为长寿区，逢源区与黄沙区合并称为荔湾区，南岸区改名西村区，陈塘区并入太平区（后太平区又并入中区），沙面区改为市直辖沙面办事处。

1952年9月，长寿区、荔湾区及西村区的西村、泮塘、彩虹、西增、小梅街和南源镇（西村区其余部分并入郊区）合并成立西区。成立西区人民政府。1953年，西区接管三沙乡（1959年4月该乡又划归三元里人民公社）。1955年5月，区政府改称西区人民委员会，下辖13条行政街。1958年，珠江区的如意坊水上段办事处划归西区管辖。

1960年4～7月城市公社化时，原属中区的清平人民公社（含今清平、岭南、沙面街地段）与秀丽、光扬、华林、宝华四街并入西区，与原有13个街道改并成立9个街道人民公社。西区同时接管三元里人民公社的同德、横沙、沙凤、三沙、西郊五个大队和石井人民公社（龙湖、大望两个大队除外），组成西区石井人民公社和夏茅人民公社。同年8月，西区改名荔湾区。1961年8月撤销街道人民公社。复建18个街道办事处。同时，区辖内农村大队全部划回郊区管辖。

1967年3月荔湾区实行军事管制。1968年3月成立荔湾区革命委员会，区辖下各街道办事处相继建立街革命委员会。1981年3月区第七届人民代表大会召开，选举出荔湾区人民政府领导成员，撤销荔湾区革命委员会的称衔，恢复五十年代区人民政府的称衔。街行政机关则早于1980年9月恢复街道办事处的称谓。至1990年泮塘村属昌华、逢源两个街道管理。①

---

① 广州市荔湾区地方志编纂委员会，《荔湾区志（1840～1990）》，广州：广东人民出版社，1998年，第61-62页。

四、泮塘五约主要宗族姓氏

泮塘五约开村主要有三大姓氏，赵氏、岑氏、曾氏。其中赵氏祠堂曾经位于五约涌边街，后改为泮塘"乡约"。而后这三大姓氏逐渐没落，泮塘五约内主要的姓氏变为李氏（敦本堂与光远堂）、黄氏、植氏、何氏、暨氏，这五大姓氏为进入泮塘五约"乡约"的姓氏。

李氏——光远堂

李氏（光远堂）的始祖可追溯到宋代入粤的李安政。光远堂李氏之后人提及："光远堂是'安正公'李安政的后代。再分下来三间厅堂——一间'秀章公'、一间'奕祥公'、一间'联辉堂'。"（李姓村民A）《从化县志》记李安政墓称："李安政墓，坐落在吕田区海螺山，坐北朝南，占地面积5平方米。葬于南宋嘉泰元年（1201年）九月初五日。李安政原籍四川叙州府戎县杏花村人，北宋元丰三年（1079年）广、惠两州纷乱，李身登黄甲，钦选平乱后，迁家于粤。后定居于吕田，死后葬于吕田。"[1]根据泮塘五约村民所藏的《广东李氏安政公谱系》，李安政的五世

李氏安政公谱系（图片来源：泮塘五约村民）

---

① 从化县地方志编纂委员会编，《从化县志》，广州：广东人民出版社，1994年，第860页。

孙李赖南迁居杨箕村，而李赖南的后代又从杨箕村迁居各地，光远堂李氏即从此繁衍而出。

有关祖先迁居泮塘的情况，光远堂李氏族人称："我们的祖先，最早来泮塘（的地方）是'二道桥'，就在现在'豆腐甫'往前一点的地方。我问过别人，那里有个地方叫'二道桥'。（后来）落籍泮塘，是到如今消防队那里。后来人口逐渐多了，就迁到五约这里。再过一段时间，就立了祠堂。"（李姓村民A）

同时，光远堂传承至今的字派为"文声传世澤家学达朝庭"，"德俊珍可宝忠良作永贤"。其中据老人家口述，这两个字辈是一一对应，即"文"对应"德"，一个人同时拥有两个字号，上学读书及日常时候用的是"文声传世澤家学远朝庭"这个字派，但结婚时就会对应使用"德俊珍可宝忠良作永贤"，把这个字辈写上字架，就好像一个是日常使用的学名，一个是正式场合使用的大名（李姓村民A）。

李氏——敦本堂

关于李氏（敦本堂）的情况，其族人介绍称：

四世祖散下来几十万兄弟，光是敦本堂都几万兄弟，有165房人，我是第13房。其中有三大房——长房碧江，还有东莞和大石。仙芝公那座山，本来叫铁灶留丹，后来（李昂英）在1022年殿试中了探花，所以之后就改名叫探花山。四世祖仙芝公（李仙芝）的曾孙是李昂英。李昂英在1202年在殿试上中了探花（历史上第一位广州籍探花），旗杆甲的石头还在，但很难找，在荔湾湖公园管理处里面，光远堂附近的地底。番禺石壁探花山原名叫做"铁灶刘丹"，（李昂英）中了探花后才改称"探花山"。探花山到今年为止，905年了。泮塘这一房，应该是明朝的时候来的。最先在甘肃，后到陕西秦岭，后到湖南，湖南到韶关南雄，再到河南鹭江（鹭江那边我们现在还有一房人在），再到分支一群到了泮塘。东莞有一房。我们不是正式泮塘的，是后来才过来的。要有地、入社（才算是泮塘正式的）。（李姓村民X）

依据泮塘村民今天仍存有的《凰渐李氏族谱》和敦本堂李氏族人的口述，可将敦本堂李氏的源流整理出来。敦本堂李氏的始祖当追溯到北宋嘉祐年间入粤的始祖李邵。李邵的四世孙李仙芝，始迁广州番禺河南鹭江村，死后葬于番禺南里猛涌乡（《广东名胜古迹辞典》载："李仙芝墓，在大石镇猛涌村多石岗北坡，土名'铁灶留丹'。背依飘峰，前对螺岗，大石水道遥遥可望。岗上满布嶙峋怪石，故名多石岗。"[①]），大名鼎鼎的南宋探花李昴英，即为李仙芝的曾孙。因李昴英探花及第，李仙芝所葬之山也改称探花山。到了明代，李仙芝的后人中有一支来到了泮塘，遂开创了敦本堂李氏一脉。据传李仙芝取了八十个字，作为后世子孙的字派。这八十字为："仙才益俊翁，镇国主宗功；利用和为贵，永久兴家崇；祖荫诒谋远，孙承燕翼长；本源宜继述，奕世定连芳；佑启开昌炽，光辉著敬熙；发祥昭伟德，显耀肇丕基；泽绍循良厚，名从哲学修；文章成大业，经济建鸿猷。"这八十个字，也成为了敦本堂的字派。

1 《南方间气——纪念李昴英诞辰820周年》（图片来源：泮塘五约村民）

2 敦本堂李氏字派

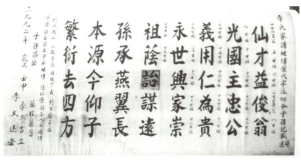

---

① 杨森主编，《广东名胜古迹辞典》，北京：北京燕山出版社，第148页。

通过光远堂、敦本堂的族谱可知，在宋、明之际，两支李姓的先祖就已经来到了今天的泮塘地区繁衍生息。泮塘村的建成历史，最早可以追溯到两支李姓先祖来此定居之时。

黄氏

除了光远堂、敦本堂两支李姓外，黄姓也是泮塘村内的大姓，今保存在三官庙旧址的《重修三官古庙碑记》详细开列当时参与捐资修庙的村民名字，其中就包括不少的黄姓族人，可见当时黄氏已经是村内大姓。

村内黄姓族人回忆称："黄氏祠堂拜的先祖在'阿舅黄坪山'（此山的正确名字及所在，目前仍有待考证）。黄氏应该来自于花县的炭步村，现在不叫花县了，叫花都了。还有坳口村。黄氏有按字辈的说法。以前的大祠堂，就是现在仓库的位置。"（黄姓村民I）

根据黄氏族人今天仍然保存的《黄氏金瑞堂族谱》，可知黄氏金瑞堂始祖云从公，源出花县炭步镇塑头村梓敬堂，后传至泮塘为味经堂（即黄氏大宗祠，现在西郊大厅南仓库）。云从公有两子，分别是文瑞公与文焕公。文瑞公有子应周公，文焕公有子应广公。应周与应广二公之下，分别是汪度堂（黄厅）与金瑞堂（太公厅）。泮塘黄氏后人分祠堂不同，字辈有所差异，分别为"华仕其维永启俊良承惠泽"及"积善之家必有余庆"。

其字辈中，以清道光十二年（1832年）进士及第的黄其表最为著名。《广州市文物普查汇编》介绍黄其表生平称："黄其表，清代道光年间进士，曾官拜顺天府，有清誉。告老归里后，当地达官显要邀宴，皆拒不赴，以种菜度日。素清贫，至娶媳无钱卖田筹款，一时传为美谈。"[1]《汇编》中说的"曾官拜顺天府"，应该改为"曾官拜永顺府"。左宗棠咸丰五年正月初七日撰写的《永顺奸匪扑城擒斩要犯首逆畏罪自尽折》详细记载了

---

① 荔湾区文物普查汇编编纂委员会编，《广州市文物普查汇编 荔湾区卷》，广州：广州出版社，2006年，第128页。

时任永顺府知府的黄其表在任内保障一方百姓安宁的事迹。[1]此外，根据相关史料，我们可知黄其表曾为保靖县知县。同治《永顺府志》记载："黄其表，广东南海县进士。道光二十一年以保靖县知县兼理。"[2]今天距离三官庙不远处的半溪五约亭，上有石门额楷书"半溪"两个大字，上款"同治元年修立"，下款"里人黄其表敬书"。这是今天尚能看到的黄其表的手迹。据传闻，黄其表进京赶考时卖了36亩田地，而归隐回乡后，又买了几亩地自耕。

另外，据泮塘村民反映，泮塘黄氏还有一首格言诗，用以激励族人："骏马堂堂出异乡，男儿处处显岗常，平山即景游吾景，日久他乡是故乡；朝夕不忘亲命语，晨昏纪念旧叙乡，但愿苍天神庇佑，三七男儿总赐昌。"（黄姓村民B）国内黄姓的人成千上万，惟有懂得这首格言诗的人才是泮塘黄氏的族人。

植氏及其他姓氏

有关植姓的来历，目前仍住村内的植姓村民叙述如下：

> 泮塘仕昆公房原籍番禺梧村（后改名植村），先祖迁居番禺河南蜑芳（后属广州，改名草芳村）。十八世桂公之玄孙，名应声，年少时随父驾船出海为生，历十余年，获有盈余，家道渐兴。其父于闽省亡故后，应声公遂回粤谋生，于广州泮塘租田十余亩，勤俭耕作，子孙繁衍。公寿七十二而终，时约1754年。现泮塘房传至十二世，兄弟素以农耕或小贩为业。建国后部分人迁居香港做工。计有男丁130余人，女160余人，共约300人。[3]（植姓村民J）

---

① 详见（清）左宗棠撰，刘泱泱等校点《左宗棠全集 奏稿九》，长沙：岳麓书社，2014年，第230-231页。

② （清）魏式曾增修，郭鑑襄增纂，《（同治）永顺府志》卷7，台北：成文出版社，2014年，第309页。

③ 详见《植氏族谱源流第二辑：植氏源流》，全国植氏研究资料汇编本，1995年，第192页。

　　以上叙述中提及的泮塘植姓的人口状况，反映的是1995年时的状况。目前村内只有少数植姓村民仍在此居住。根据村民口述材料，可知植氏族人在泮塘五约内应曾建有祠堂。居住村内的植姓族人回忆称："有植氏祠堂，在八巷，现在盖房子了。植氏的祠堂很小间的，不是很大的那种，就是八巷'卜卜斋'隔壁左右，具体不知道在哪个位置。很大的那种祠堂在番禺植村，我们每年都回去。植村龙船2年来泮塘一次，杨箕是每年都来。"（植姓村民T）

　　泮塘五约除了李、黄、植主要姓氏之外，暨氏（据说从佛山西樵迁入）、何氏（据说从番禺沙湾迁入），这五姓是进入泮塘五约乡约的姓氏，受乡约制度保护。除此之外，还有吕、潘、杨、余等姓氏。

　　暨氏据说是从台湾过来的。从台湾过福建，再福建过湖南，湖南过广东，广东过南海西樵，南海西樵到南海大沥，南海大沥到泮塘。大沥和西樵都有暨氏祠堂，最大的祠堂在大沥，但可惜被拆掉了。（暨姓村民M）

第二章

泮塘重要的历史时期
与社会发展

一、宋代建村

泮塘原名半塘，因旧时泥沙冲积而成，四周遍布池塘，占地一半有多而得名。泮塘村历史最早可追溯到宋代，全村最早的聚落形态围绕龟背形地块展开，南北两侧都是河涌，排水顺畅，而五约直街在这个微小坡地的脊岭，保证了村子不易受到水侵。泮塘的东西两侧，分别有风水榕和区域级别镇水的庙宇（仁威庙），保佑着这片土地。

二、清末民国时期的泮塘

"约"为乡村组织的基本单位

泮塘村以"约"为乡村组织，分为首约、二约、三约、四约和五约，所谓"约"之意涵，有研究认为"约"指的是乡约，为管理地方基层社会的组织。至清代由于士绅权力的扩展，乡约发展成为维护地方治安的重要组织。伴随着乡约组织重要性的强化，广东省内"约"字地名的数量也不断增加。[1]

现存的碑刻文献也印证了泮塘村内"约"的存在。现今藏于仁威庙东侧，刊刻于清康熙年间的《北帝香灯祭业碑》，记载了泮塘村民捐出税地，作为香灯地供奉北帝之事。其中提及：

---

① 王一娜，《明清广东的"约"字地名与社会控制》，《学术研究》2019年第5期，第132—139页。

第五约周□卿地，连定弓税五厘二毫，税原在恩洲堡一图十甲郑永富户内。李胤麟、顾德胤锡连定弓税三分二厘，税在苏山堡二十三图四甲周耀光户内。谭运成连定弓税一分六厘，税在苏山堡二十三图四甲周耀光户内。

第四约梁子昭，连定弓地税二分二厘，税在大通堡二十八图□甲□□。连定弓地税四分，税在恩洲堡一图十甲郑永富户内。郑星乔、郑昭霞税地一亩七分六厘八毫。

碑文里提到的"第四约""第五约"。以及该碑下文"各约乡老"的字样，说明在清康熙年间，"约"已经成为泮塘村内组织的基本单位，且各"约"均有所谓的"乡老"来具体负责事务。刊刻于清嘉庆二十五年（1820年）的《重修三官古庙碑记》（该碑记今存于泮塘五约三官庙旧址内）也有"吾乡第五约"的说法，佐证了"约"作为乡村组织的存在。也因此，泮塘村的"约"也逐步转化为地名。只是五个约之间并无明确的界限，根据村民回忆："以前五个约的边界，并没有明显的线条，不像现代社会这种国与国划定边界。哪怕有说狗屎社那里是四约跟五约交界处，但实际上很多地方都没有划分那么清楚的，在大家的认识里，都是我们自己泮塘的村子。对外时才不一样。"（李姓村民A）

土地制度："税地"与"理值"

要了解早期泮塘村的土地制度，《北帝香灯祭业碑》是不可或缺的材料。其全文如下：

考古王者，以乡三物教民而宾兴之。其二曰女行、友睦、洲□任恤也。今世乡里之中建庙祀神，所以藉明威，有赫一门显之心。至岁时伏猎（疑为"腊"），供祀事，集父老于其中。修孝弟、讲信睦、明□□、辨是非，□凛然于公议而无敌有起焉，于以式灵昭而长久勿。

北帝神庙创建有年，乡之人讲信义而敦诗礼，成醇庞之俗，神之佑之非一日。已有□等各家税地，□□□各地主发□诚心，□□

为祖业，以其租之所入供庙之诸费，甚盛典也。郎中诸好义者，□□以□各需，因而□□土明决公断已其故，于□之有赫也，同党之有庆也。诸耆老秉信仗义，劝助之力实多也。嗣是而国课有供矣，庙中香灯祀典有赖矣。老成诣予请一□，以其事以□永久□，谓□神之格，思唯诚足辅人心；唯诚于事，神则□其志气。以将事而无虞无诈，神之佑之□是也。念祭业捐地捐资，皆出一念之诚，然无不藉神力之普照。泛兹以往，乡之父老子弟，务期各矢厥诚，始终致敬，毋怀二心，毋图私，将此□注□务供轮外□□以□□中之节，省香灯祀典，以及修葺祠宇，悉于是乎资之，而无敢有越志侵渔者，是之谓端人，是之谓厚俗，斯神之佑之雨，永保尔人减昌炽之灾焉。诸父老子弟其恪守此志，以勿□予，因书此以勒之石，并将事者之姓名于左：

第五约周□卿地，连定弓税五厘二毫，税原在恩洲堡一图十甲郑永富户内。李胤麟、顾德胤锡连定弓税三分二厘，税在苏山堡二十三图四甲周耀光户内。谭运成连定弓税一分六厘，税在苏山堡二十三图四甲周耀光户内。

第四约梁子昭，连定弓地税二分二厘，税在大通堡二十八图□甲□□。连定弓地税四分，税在恩洲堡一图十甲郑永富户内。郑星乔、郑昭霞税地一亩七分六厘八毫。

恩洲堡十四图十甲梁锦琦，税地四分八厘正。又梁君壮税地一分正，税在梁锦琦户内。

恩洲堡十三图六甲刘会同，税地一亩四分，系妆苏山堡二十四图四甲周学七户内。

康熙十七年戊午岁孟夏吉旦，香灯地已经广府案内东南西北四至明白，共税四亩九分。立断约人颜明佐、郑永富、梁锦琦等各有地段□□□本村□□□顺治十八年□□□三年，地主各胜卜吉，创造起盖时，遇被迁民黎恒生呈示安插。至八年，展界内有藉久被□□吴标□□□等已得安装□□赴瞒□□□□批广府蒙行司勘富等，无□强□众见□目伤心，老少彷徨，致以□□□使用各地主□□□。

北帝神庙永为香灯公用，自后但有官中使员，各约科用，其地税照依丈尺开收，不得多推分厘。自断约之后毋得反悔，今仁用信，立此断约，各约乡老收起□□□张永远为炻。

　　断约人：梁炯南、顾□□、梁西畴、黄国永、郑昭日、郑昭
霞、顾四□、刘□□、郑□□

　　此碑文记载了清康熙十七年（1678年）泮塘各约村民向仁威庙捐赠
"税地"以维持"香灯祀典"的盛举。"税地"指的是经过当时政府确认税
额的。根据碑文，可知这些"税地"原来都是挂在一个个"户"下。比如说
第五约周□卿捐的税地，挂在"恩洲堡一图十甲郑永富户内"；第五约李胤
麟、顾德胤所捐税地，挂在"苏山堡二十三图四甲周耀光户内"；第四约梁
子昭所捐税地，也挂在"恩洲堡一图十甲郑永富户内"。

　　根据明清时期的里甲制度，这些"户"都归属于对应的图甲。碑文中提
及的"郑永富""梁锦琦"等"户"，我们今天在《（同治）南海县志》中
都能找到对应的资料（根据同治《南海县志》，恩洲堡一图十甲有"郑永富
十六户"，十四图十甲有"梁锦琦十六户"）。[1]有关这些"户"的实质，
相关研究已经作了充分探讨，认为明代附属于里甲下的户口，本来是以家庭
与人口为核心的。但到了明清之际，里甲下的"户"已经转变成单纯的土地
赋税单位。[2]据此可以推断，明清时期泮塘的生产单位、土地赋税制度与当
时实行的户籍制度密切相关。

　　将"税地"捐赠给仁威庙的做法，也说明仁威庙在泮塘村土地制度中所
占据的特殊地位。有村民回忆建国前泮塘村土地开发的情况，提及：

　　　　我们的农田是怎样来的？仁威庙是靠一些善信，当年我们的庙
　　一开始是被别人投标做庙祝的。积累了之后呢，就用来围垦造田。
　　这里都是滩涂来的。最早这里是海洋来的，后来变成滩涂。冲积的
　　时候，有些地方就"盛起"，由庙宇出告示，去那里筑一条基，将
　　近海的滩涂围成一个农田，因此就有田了。所以说我们为什么会有

①　（清）郑梦玉等修，梁绍献等纂，《（同治）南海县志》卷6，台北：成文出版社，1967
　　年，第134页。

②　刘志伟，《在国家与社会之间——明清广东里甲赋役制度研究》，广州：中山大学出版社，
　　1997年。

这么多田呢？不是靠私人去筑的，是靠我们的庙宇值事去管理。写一块牌子招募工人，比如说，今日每（筑基）一公里是三斤米。大多数招募的是农民。选的日期是农闲或者是干旱的时候，冬天我们这里少活干。再来就是祠堂，族人。这片地方是祠堂的，当这地方高起来之后，就可以围垦造田了。与庙宇协商之后，找人来筑基，祠堂给回多少钱庙宇这样子。围好了之后，要报官府承认，若你未缴税，官府是不会发（田）契的。备案的叫"白契"；后来官府测量过田地的大小了，算好每年要给政府缴纳多少税款，就发地契，也叫"红契"。红契白契都可以买卖，但如果不交税，白契永远都是白契。这些管理方法都是非常先进的。（李姓村民A）

按照村民的说法，建国前泮塘村大部分的土地都以仁威庙的名义进行开发，新开发的土地也归仁威庙所有。现存的民国文献也印证了这种说法，1918年《广东公报》载广东财政厅布告第一百号令：

本年三月二十七日，奉督军第一千七百三十号指令，本厅呈泮塘仁威庙值理梁衣德等，以影废照契霸占叶德谦价承黄沙坦地及如意坊官地藕塘，应将该照契永远作废，将黄沙坦地交回叶德谦管业。其如意坊官地藕塘概由本厅投变。[1]

通过这份文献，可以看到"仁威庙值理"在泮塘村土地开拓过程中具有重要的作用。

安保制度："老更"与"团练"

为了保障治安，泮塘各约均有自己的保安队伍，泮塘村民习惯称之为"老更"。有村民回忆称：

我们打更巡街的这批人叫做"老更"，泮塘这里一向都有的，

---

[1] 载《广东公报》1919年第1723期，第7—8页。

解放前都有。等于当时各约的保安。我们的村现在杂七杂八，各处散乱；但以前作为一条自然村，什么都井井有条自己会搞定，（包括治安）。"老更"由各约自己出钱聘任，等于现在领钱的保安，各自巡视自己所在的约的范围。所在的约的范围。在最早的时候，在五秀桥的桥口那里有一间"老更屋"，这些是我听父老们讲的。
（李姓村民A）

通过相关的口述材料，可知"老更"的工作及其生计的维持情况。除了维持泮塘五个约内的治安，"老更"们还积极参与到村外的事务之中。有村民回忆称："西关的大商家有时候都会叫老更去做事的。譬如年关的时候，有些烂仔摆盆橘子在门口就要给钱，这时候就让老更去处理。我们不是黑社会，是去帮别人解决问题而已，但不是拿枪去抢别人钱。"甚至还有村民回忆起小时与"老更"的成员们的接触情况："他们要走的时候，我们小时候见到，是拿大车来接的。谁知去到宝安县（现深圳）被人截住，上缴了枪械，人没有关押。大部分骨干都去了香港，有部分留下来了。"
（李姓村民A）

除了各约都有的"老更"之外，泮塘村内负责维持治安的还有"团练"。年老村民叙述道："'团练'和'老更'是两回事。'团练'的人有可能包括'老更'的，但'老更'是支薪的、日常每天都轮班巡的；'团练'是义务的，有事情发生时才吹哨子集合的。'团练'是整条村的，机构设在仁威庙，叫做泮塘村的'团局'；'老更'是各约的，机构各约自己设置。"（李姓村民A）

根据碑刻文献，泮塘"团练"的设置可追溯至晚清。同治六年（1867年）由乡人梁玉森撰文的《重修仁威祖庙碑记》（该碑今藏于仁威庙内）提及：

> 当咸丰四年，红匪蠢起，豺牙宓厉，虺毒潜吹，省垣成鼎沸之形，薄海俨土崩之势。森时乡居，与家凤笙司马景韶、黄醴泉都戎、洪钧等首倡团练，力压贼冲，擒获贼匪百余人，……后外洋滋扰，复倡团练，饥馑荐臻，力谋捐赈，卒能井里如故，鸡犬无惊。

据此可知，清咸丰四年因"红匪蠢起"（指1854年洪兵起义），泮塘乡人梁玉森为保护泮塘的安宁，遂有兴办"团练"之举。按照碑文内容，"团练"的兴办是一时之举，直到后来"外洋滋扰"（指1856至1857年间英法联军对广州的进攻），才又重新兴办"团练"，这与村民所说的"'团练'是义务的，有事情发生时才吹哨子集合"相吻合。

根据村民回忆"团练"成员会定期集训。有村民回忆起"团练"集训的情况称："习成堂是泮塘村的武馆。早在咸丰年间，泮塘村已有地方习武，组织了'团练'，维护泮塘村治安、人员、生产的安全，因此自然形成习武风俗。早年间，在仁威庙后座，曾有用于训练场地的习武厅。习武厅挂有'习成堂'横匾，寓意凡是参加训练、学习的，都希望他们能够通过学习，有所收获，提高本事"。（李姓村民A）

仁威庙的后座，正是今天广州市荔湾中学（原名"广州市第四十三中学"）的所在，当年正是泮塘"团练"集训的地方，据村民回忆称："'团练'的机构在这里（指仁威庙后座），人员也在这里，如果一旦发生什么事，要召集大家，仁威庙里就会有大锅饭，召集大家操练，或者去哪里处理事情。仁威庙后现在的学校，原来是个操场，人们在那里集合习武。仁威庙后原来是个池塘，因为'团练'最少都起码一百多人要训练，所以填了这个塘作操场，并多设一排房屋，安排厨房、仓库等在那里。"（李姓村民A）

"团练""老更"的存在，对泮塘村具有非同一般的意义。有村民如此总结"团练""老更"的贡献："一条村能够这样子保持着，很完善的。陈廉伯那么大势力，都未敢来乱动我们泮塘村，就是这个道理。所以解放后，人家说泮塘村很恶，村民都是恶爷、恶人来的，不能得罪，讲得我们好像很穷凶极恶一样，实际上这种在当时的社会，为了泮塘的安全和生存，是必须的。那时候村子如果势力不够，是会被外来其他村其他势力欺负的。"（李姓村民A）正是因为有"团练"、"老更"的保护，泮塘村才能在清末、民国的乱世中成为一方乐土。

地方信仰："北帝"与"土地"

仁威庙是泮塘村宗教信仰之核心。说起仁威庙的历史，有村民跟我们分享了这么一个传说："最早仁威两兄弟。出海拿鱼为生。大坦沙还不存在，耕种的田都还没出来。有一次出海打渔，那块石头进了网，把网坠着，起不了网。要下水来拿上去，不然硬拽会把网拽烂。拿到上来，发现是一块奇石。拿回来经过仁威庙处时，走不动了，太重了，就放在那了。后来就在那盖个庙，那块石头就做成了北帝爷，大家去那拜神。后来积累到钱，就盖个小庙，一座的而已，取两兄弟的名字，于是叫仁威庙。"（黄姓村民I）

当然，要了解仁威庙的起源，除了传说之外，最关键的还是现存的文字资料。今天在仁威庙内，仍存有清乾隆五十年张锦芳撰文的《重修仁威古庙碑记》与同治六年梁玉森撰文的《重修仁威祖庙碑记》。两块碑文对于我们了解仁威庙历史及祭祀情况有着无可比拟的价值。前者文字如下：

> 广州府城之西四里而近地而南海之泮塘，有庙以奉真武之神，乡人所称仁威庙者也。其创建年月无可考，而重修则在明天启二年，盖庙之由来旧矣。国朝百余年来香火不绝，而岁久渐圮，乡人鸠工疪材，葺而新之，经始于乾隆庚子年七月，以乙巳年十一月落成，属余作记。余案元武者，北方七宿，北为水位，故其神司水。昔高阳氏以水德帝，少昊氏之子曰修，曰熙，相继为水官，故记称其帝颛顼，其神元冥，所谓有功于民则祀之者也。真武之神，盖亦生有功德，故隆以列宿之号而司水者欤？神最显于均州之太和三，迄今奉祀遍天下，而广州滨海为水乡，宜神之灵歆亭于是。且广州之水当西粤下流，自牂牁江以东，注出羚羊峡，汇北江浈洭溱肆诸水，经府城以入大洋，每当暑雨，水潦骤发，南海、顺德村落多被水，小者没阡陌，大者决堤防，故居人咸思邀福于神，以不至成灾。泮塘地附郭，多陂塘，有鱼稻荷芰之利，无沮洳垫隘之苦，似神之独厚于是乡者，宜乡人之奉祀倍虔，谋新神寓，而趋事恐后也。庙旧为屋三重，奉神于正殿，而西序以奉别神。今增筑东序，与西相垎，又斋室三楹，廊房庖祠，莫不毕治，盖规庞视旧为益拓。土木陶瓬之费计二万有奇，而远近助工者至三千余人。夫南海祝融之神载在祀典，庙之修除黝垩掌于有司，而神之庙则民间率其私钱，以时修之，此以见水利之关于民者甚巨，不特上之为民祈福，而民之所以托庇于神者亦无不尽其诚也。余故乐而为之记，以念后之将事无怠者。乾隆五十年十一月朔日张锦芳并书。

后者文字如下：

北方真武之神，位正天枢，泽留坎水，相传北斗七星降灵，得道于武当山，有龙楼凤阁之奇，俨羽盖霓旌之丽，秉被发仗剑之威。道兼仙佛，擅伏虎降龙之力，灵慑龟蛇。我泮塘乡近连珠海，远接石门，无旱干水溢之虞，具菱芡菇茭之利，以水乡而虔祀水神，理固然也。庙创于宋皇祐四年，由元而明，以迄我朝，代有葺治，不懈益虔。至乾隆五十年大恢旧制，式焕新模，张药房太史为之记，盖骏骏乎有桂殿兰宫之盛矣。当咸丰四年，红匪蠡起，豺牙宓厉，虺毒潜吹，省垣成鼎沸之形，薄海俨土崩之势。森时乡居，与家凤笙司马景韶、黄醴泉都戎、洪钧等首倡团练，力压贼冲，擒获贼匪百余人，复倡捐仁威巡船贰号，自备口粮，森与黄都戎及李记委逢清等随同官军在韶关、清远、石门、文滘打仗十余次，夺获贼船贼目旗帜炮械无算，计费白金万余。后外洋滋扰，复倡团练，饥馑荐臻，力谋捐赈，卒能井里如故，鸡犬无惊，虽经营辛苦十余年，实神之力有以默佑于无穷也。惟是阅时历日，上雨旁风，瓦甍风鸯，檐空宿燕，爰邀太守黄云峰先生暨耆老值事等力谋鼎新，鸠工疟材，刻日云集，经始于同治六年二月，落成于六年十月，捐助者约五千余人，靡白金壹万伍仟余两。奠土之日，跄跄济济，肴盝皇皇，万善同归，神仪有怿，虽所云徙蓬阙于人间，落蕊宫于地上，不是过也。事竣，诸督理备极勤劢，复顾瞻丽牲之石，属森为文，森幸生礼让之乡，躬逢盛事千载，一时不当以浅陋无文辞，爰不辞而为之记，复为迎神送神之曲，使歌以侑神，其辞曰：龙楼凤阁开重重，武当山崎天之中，星旗宝剑光熊熊。神之来分乘黑龙，前驱屏翳后丰隆。泮塘万顷荷光红，荔香菱熟吹熏风。尔酒既旨肴既丰，神具口止天改容，嘉祥上瑞来我穷，康衢鼓腹歌时雍。右迎神，神之去兮归武当，云车风马神洋洋，七星旗闪腾光芒，龙降虎伏道力强。古之花坞实水乡，早禾晚稻饶丰壤，盗贼奸狡胥遁藏，极之肴蒸与豚羊，天极正位何堂堂，斋宫肃肃爽灵长，万年降福歌无疆。右送神。

两块碑刻都叙述了仁威庙的历史。乾隆五十年的碑刻强调仁威庙"创建年月无可考"，而同治六年的碑文则说"庙创于宋皇祐四年"。目前并无确凿证据可证明仁威庙的创建历史可追溯至宋代。有研究指出："如果至乾隆年间此地仍是多陂塘，在宋代时已成陆并有建置的可能性不大。"①

仁威庙供奉的主神是北帝玄武。相关研究指出，北帝玄武在宋、明之际不断得到官方重视——宋钦宗靖康元年加号"佑圣助顺真武灵应真君"；元大德七年加封为"元圣仁威玄天上帝"；明永乐十二年因开国靖难，神多效灵，所以在北京建真武庙；至明景泰二年以后，因抗击黄萧养起事的胜利，北帝成为官府祭祀的对象之一。②官方对北帝神的推崇，是岭南地区北帝信仰得以普及的关键原因。此外，水乡遍布的地理条件也是北帝信仰得以普及的重要背景，张锦芳撰写的碑文中就提及："广州滨海为水乡，宜神之灵歆亨于是。且广州之水当西粤下流，自牂牁江以东，注出羚羊峡，汇北江浈涯溱肆诸水，经府城以入大洋，每当暑雨，水潦骤发，南海、顺德村落多被水，小者没阡陌，大者决堤防，故居人咸思邀福于神，以不至成灾"。对于居住在水乡的民众而言，北帝的庇佑可以让他们免除水灾的威胁。

中山大学的黄天骥教授曾撰文回忆自己年幼时来仁威庙参拜的情况，今录全文如下：

> 近闻荔湾区将重修仁威庙，我不禁想起了年幼时跟着大人们，来参拜真武大帝的情景。
>
> 仁威庙在泮塘，从马路尾段转个弯，便可看到庙前铺着麻石的广场。进了庙，只见满屋子烟雾缭绕，熏得人连眼睛也睁不开。大殿上，硕大得真武大帝塑像端坐中央，道教徒又称此公为北帝。他黑脸黑须，身后竖着黑旗，据说他是水神，手下有龟蛇二将。屈大均说："吾粤固水国也，民生于咸潮，长于潮汐。"过去泮塘一带，河汊纵横，人们要请水神保佑，便在这里建了祭祀北帝的庙宇。新中国成立前，仁威庙香火颇盛，逢年过节，善男信女向北帝

---

① 程美宝：《破墙而出——清末民初广州西关地区景观的延续与变迁》，载程美宝、黄素娟：《省港澳大众文化与都市变迁》，北京：社会科学文献出版社，2017年，第32-48页。

② 罗一星、肖海明：《佛山北帝文化与社会》，广州：广东人民出版社，2017年，第59-60页。

点上香烛，奉上果品，跪地叩头如捣蒜。

孩子们到仁威庙，倒不在乎求神拜佛。老实说，庙里黑蒙蒙，殿上挂着螺旋形的大塔香的烟气，和冥镪焚烧的焦味混成一片，把人呛得七窍生烟。不过，仁威庙外得广场，却是我们很感兴趣的地方。那里的摊档，有卖风车的，纸制的风车五颜六色，风过处，飞快旋转；有卖糖制小人的，小人被捏成文臣武将等模样，栩栩如生。而每当广场上锣鼓响起，我们知道有江湖艺人到这里卖艺来了，大家便赶紧从庙里蹿将出来，钻到人群中观看表演。

来卖艺的人，有耍猴的，他们牵着猴子和山羊。锣声一响，穿着小背心的猴子便翻筋斗，竖蜻蜓，后来还骑着山羊跑圆场。孩子们看到猴子龇牙咧嘴的模样，自然有趣，但看多了，千篇一律，又觉乏味。倒是卖武的人来到广场时，人们的兴致一下子就提上来了。

在广州，街头卖武，有其模式，一般由三四位武师搭伙。在一阵紧锣密鼓之后，为首师傅走到场中央，抱拳吆喝："伙计，慢打锣！"伙计便应和："慢打锣。"为首者又喊："打得锣多锣吵耳！"回应是："炒猪耳。"为首者再喊："打得更多夜又长！"回应则说："炒猪大肠。"在以逗笑方式吸引观众之后，师傅便介绍他们的来历，像说来自何方门派，擅长什么拳脚之类。跟着几个人轮番上场耍刀弄棒，到精彩处，群众纷纷鼓掌叫好！卖武者便翻转小锣，捧着向群众讨赏，人们也慷慨解囊。[1]

除了仁威庙之外，泮塘村内各约都有自己庙宇。有村民回忆，当时的三约有"相公庙"，四约有"观音庙"，五约有"三官庙"。但随着城市建设的发展，如今除了五约的三官庙尚有迹可寻外，其余各约的庙宇都已湮没在历史的风尘中。今泮塘五约内尚存有《重修三官古庙碑记》，可让我们了解五约三官庙的情况。碑文如下：

杨子云有言："储精垂思，感动天地，逆釐三神者。"三神者，天、地、人也，即三官之神也。是神之灵异，自昔为昭，下民之恪谨将事也固宜。吾乡第五约三官庙，其创建弗可考，重修则在

---

[1] 黄天骥：《黄天骥文集 15 岭南新语》，广州：广东人民出版社，2018年，第78-79页。

乾隆十四年，再重修则在乾隆五十六年，迄今历年久远，栋宇渐倾毁。乡人谋复新之，助工金者，俱率先踊跃。于是鸠工庀材，先肃坻鄂，累贞（左石右民）厥基。孔固而后绣栭云楣，雕楹玉碣，以次就理。旁有余地，更建立西堂，深广与庙垟，前此未有也。夫事仿效前人而为之者，其成易。事由旧制而必推扩而大之者，其成难。余则规模壮，材物坚，费用繁，乃经始于嘉庆己卯年腊月，越庚辰四月而庙成，谓非神听默相，曷克臻此？抑又闻之，地不足以钟灵者，神灵弗栖，间览其地，前后环绕绿水，清莹澄澈，派与珠海通。右则陂塘荷芰，郁郁青青，左则古榕密荫，绿影参差。四时之景，无不可爱，谓地之奥区，神凭依者，非欤？子忝居桑梓，父老为之序，因不辞固陋，署叙其概焉。若夫赞化调元，裁成辅相，神之功德俱不陈，非略也，广大难名，盖无庸缕述云。

例授文林郎，戊寅恩科举人，拣选知县，里人梁大昌熏沐顿首拜撰

……（后面人名略）

嘉庆二十五年，岁次庚辰，立夏谷旦立

此碑文撰写于嘉庆二十五年（1820年）。碑文撰写，是为了纪念嘉庆年间三官庙的重修。"嘉庆己卯"即嘉庆二十四年。而"庚辰"指嘉庆庚辰年，即嘉庆二十五年。

根据碑文可知，三官庙内原来祭祀天、地、人等三官之神。三官是历史悠久的中国民间宗教信仰之一，属于道教尊奉的三位天神。据耆老云，昔日三元诞之日，往庙上香之人甚众。近水之地，祈求水帝（北帝、水官）保佑，是粤人的一种意识，所以，每当该庙神祇诞日，庙之周围，即今之泮塘五约之尾，荔湾湖东北向之畔，人群拥挤，人之往来如蚁，热闹非常，成为泮塘风俗景观之一。[1]

传统教育："书舍""学堂"与"卜卜斋"

泮塘村在清代就有了自己的教学机构——书舍。有村民提及："书舍是

---

① 荔湾区政协文史委，《荔湾文史》（第五辑），广州：广东人民出版社，1996年。

早期的，在清代中期的时候已经有书舍，建祠堂后就开始有书舍，让族人读书。……一个书舍是需要经营的，没有钱没有老师就搞不下去。但是这间书舍就没有拿出来，作为公用的了，而是安排族人去住。……（书舍）是自己本身办的。"（李姓村民A）

也就是说，书舍是泮塘村内宗族自行创办的，为宗族内适龄子弟提供教育。泮塘五约内现存一座老屋（今泮塘五约七巷21号），为砖木结构平房，一厅一房，设有庭院。坐北朝南，总面阔5.6米，进深9米，占地面积约93平方米。门上嵌一石匾，长约90厘米，宽约40厘米，上书"皞遒书舍"四个大字。该处建筑正是书舍这一类教育组织在泮塘村内曾经存在过的见证，已经于2011年12月被公布为荔湾区登记保护文物单位。[①]有村民解释该书舍名字的含义称："'皞遒'二字虽然生僻，但书香味极其浓厚。按照字意解释，'皞'是光亮、明亮的意思，'遒'则为距离远、时间长久之解，'皞遒'二字合起来，可以理解为明亮远大的意思。"（黄姓村民K）

到了民国，泮塘地区出现了新式学堂。有村民提及："我们村有卜卜斋、私办小学、公办小学，是三种学校并存而不是三间学校并存。"（李姓村民A）当地的小学里，最著名者当数仁威小学。1919年，粤海道向广东省呈缴了南海县仁威庙高等小学提交的学年报告表，广东省长据报告表下达命令，其文称：

> 文表均悉。查学年报告表应于每学年终造报，成绩未及格各生并应留级补习，该校均未遵办，殊属不合。嗣后务须遵章依限办理。成绩未及格各生仍应留级补习，以符定章。又该校名未合，应即查明泮塘乡隶属第几学区，即行改正，以昭划一，希即令县转行遵照，表存此令。
>
> 一九一九年十一月二十一日[②]

由此可知，早在1919年，仁威小学即已存在。从目前关于仁威小学的记载中，我们可以看到仁威小学的师生有参与爱国斗争运动的传统。《广州市志》记载，中国共产党的外围组织——爱国民主协会，在1948年到包括

---

① 梁惠兰、赵晓铭、叶昌东：《城市更新背景下广州泮塘五约历史文化资本的激活》，《广东园林》2019年第2期，第90-94页。

② 《广东省教育公报》1919年第6期，第27页。

仁威小学在内的一系列学校中发展成员，使自身组织很快就从原来的40多人发展到1400人。[①]

有村民回忆仁威小学的办学情况称："仁威小学其实是一直都在的，位于仁威庙的后座，仁威庙的正座一直都是庙，没有被占用。在封建年代这间学校已经在办学了，民国的时候已经变成公办学校了，公开向社会招生。同时，光远堂在1940年代也是一间私人民办小学，名'培光小学'，解放后荔湾湖公园挖湖时取消，并入仁威小学。"（李姓村民A）

除此之外，泮塘的传统文化教育还有"卜卜斋"。五约许多上了年纪的村民对"卜卜斋"印象深刻。

首先，关于"卜卜斋"的位置。有村民提及"卜卜斋"："现在八巷4号这间房子，最早的时候，是一间兰室书屋，还有一块上面写着"兰室"的青碑石"。（李姓村民G）

其次，"卜卜斋"与泮塘村之间的关系。有村民提及："那'卜卜斋'就是当有人来教书的时候，就租用我们的祠堂、厅，属于租赁关系了。"（李姓村民A）

再次，关于"卜卜斋"的教书先生，有村民甚至记得老师的名字"我上学在泮塘小学仁威庙。但还读了三年'卜卜斋'，当时卜卜斋的先生是李郁周老师，他五十来岁，他住在仁威庙后面。"（李姓村民F）

兰室石碑（拍摄于2020年）

① 广州市地方志编纂委员会编：《广州市志 卷11 地方组织卷》，广州：广州出版社，2000年，第756页。

三、中华人民共和国成立后至21世纪初期的泮塘

土地改革

　　1950年6月，中共七届三中全会在北京召开。毛泽东在会上作《为争取国家财政经济状况的基本好转而斗争》的书面报告，代表中央向全党和全国人民提出了当前阶段的中心任务，指出，要获得财政经济状况的根本好转，要用三年左右的时间，创造三个条件，即土地改革的完成，现有工商业的合理调整以及国家机构所需经费的大量节减。有关土地改革，毛泽东在报告中指出："我们对待富农的政策应有所改变，即由征收富农多余土地财产的政策改变为保存富农经济的政策，以利于早日恢复农村生产，又利于孤立地主，保护中农和保护小土地出租者。"会议还听取了刘少奇关于土地改革问题的报告，通过了《中华人民共和国土地改革法》（草案）。至6月28日，中央人民政府委员会第八次会议讨论并通过了《中华人民共和国土地改革法》，30日公布施行。它总结了党过去领导土地改革的经验和教训，又适应新中国成立后的新形势确定了新政策，成为指导土地改革的基本法律依据。从此之后，到1953年春，根据中央部署，在进行抗美援朝战争的同时，党在新解放区占全国人口一多半的农村领导农民完成了土地制度的改革。全国有3亿多无地、少地的农民（包括老解放区农民在内）无偿地获得了约7亿亩土地和大量生产资料。①

　　根据这些背景政策文件及泮塘村民的口述，我们可以了解到土地改革对于泮塘村民生活所造成了巨大的影响。根据泮塘五约村民的反映，泮塘村内还有一位已经年过九旬的老人家，中华人民共和国成立初期是泮塘地区土

---

① 李颖：《细节的力量 新中国的伟大实践》，上海：学林出版社，2019年，第44—47页。

改工作队的联络员。虽然无法亲自听他口述，但通过其他人的转述可以了解到：

第一，泮塘村以前范围很大，有很多的土地，但土改后，泮塘村的范围被缩减过半。

> （泮塘原来在）同德围那边其实也有一点田，但很少。像现在的罗冲、电厂那边，泮塘有很多田的；石围塘做茶叶城那边，很多农田也是我们泮塘的。到了土改的时候我们的田有些没有分给别人，没用，就荒废了，不然那边的田都是我们的。……到公社化土改的时候呢，耕者有其田，原来大坦沙的两条村，"坦尾村"和"河沙村"耕作的农田，解放前都是属于泮塘，都是泮塘先辈围垦造田出来的。（李姓村民A）

> 总的来说，泮塘村"解放后的耕地，可能连解放前的一半都没有。

第二，透过土地改革，村民都有土地了，同时生产生活也变得多样丰富。

> 1950年土改分了土地。……母亲负责去参加土改会议之类的。我妈妈不用工作专门照顾家庭的，爸爸是耕田的。当时已经分了地，我和大佬就要下田工作了。我们没有分到荔湾湖的地。解放前谁耕开的，土改时基本上就分给谁，土改前我们耕开大坦沙的地，土改后就分给我们。（李姓村民C）

> 做农民很辛苦，土改的时候很多人不做农民了，土改是村民要耕田，就分给你，但很多人都没要田，太辛苦了。那些人去做小买卖了。（李姓村民X）

即便是分得田地，继续做农民，也不是一年四季都在自己的土地上劳作，有村民提及：

> 正如我现在把莲藕种下去，那莲藕种下去之后，我不用管它的嘛，我就有空了。那我有空了，别人有工种要做，例如说要养鱼

的，有人种马蹄、茨菇的，有些人也在中棱角，我们就可以去帮工。同样地，别人有收成的时候，我自己的农田不用管的时候，也去做帮工。一种是去帮他拿；另一种是去帮他拿去市场卖。我们这边会把莲藕洗干净，洗得白白的，整体藕原装的，担着穿街过巷卖。当时哪里都去卖的，没有固定地点。谁去到那个地方卖，都可以。（李姓村民A）

第三，村落中的很多传统祠堂庙宇，在土改期间其功能发生改变。比如五约内的三官庙，有村民回忆："三官庙原来是间庙，土改后生产队接管，做了生产队。"（黄姓村民N）

第四，土改时期，洴塘村内也有一些阶级斗争。有村民回忆："到土改的时候，有人说我们家是富农地主，来斗争我们，有个经常帮我们做事的外乡佬，他出来帮我们说话'地主的话有长工，但我不是长工，我是出于本意，自己乐意去来这里学农事，主动去帮他们做事的'"。（李姓村民G）

第五，土改后，传统以税地和仁威庙值理为核心的土地制度被瓦解，失去了在土地开拓时期对洴塘村的影响作用。有村民提及："仁威庙的体制在解放后就没有了，但是庙祝公还在。土改的时候不分田，继续留下来做，做到政府不给他做。后来老了，当时也不讲退休，也没保险，就回家去了。"（李姓村民A）

由于接受我们采访的洴塘村民在土改时期年龄尚幼，对于洴塘村土改时期的情况记忆并不连贯。但透过他们的口述和片段记录，对于大家了解当时洴塘村当时的情况仍然具有无可比拟的价值。

人民公社时期

1952年9月，随着国民经济恢复任务的完成，毛泽东在中央书记处会议上提出：10年到15年基本上完成社会主义改造，不是10年以后才过渡到社会主义。1953年8月，毛泽东将这一设想完整地概括为过渡时期总路线，即从中华人民共和国成立，到社会主义改造基本完成，这是一个过渡时期，党在这个时期的总路线和总任务，是要在一个相当长的时期内基本上实现国家工业化和对农业、手工业、资本主义工商业的社会主义改造。这一路线被简称为"一化三改造"。为了向全党和全国人民宣传总路线，毛泽东还主持编写了《为动员一切力量将我国建设成为一个伟大的社会主义国家而斗争——关于党在过渡时期总路线的学习和宣传提纲》。该提纲在1953年12月出版发行，我国的发展由此进入了新的一个阶段。①

1953年2月15日，中共中央正式通过了《中共中央关于农业生产互助合作的决议》。《决议》的主要内容包括：

> 党在目前，对于发展互助合作运动的方针是根据生产发展的需要和可能，稳步前进。具体有三方面：（1）在新区和互助运动薄弱的地区，应有领导地大量发展临时性的、季节性的互助组。（2）在有初步互助运动基础的地区，应逐步推广常年互助组。（3）在群众有比较丰富的互助经验，而又有比较坚强的领导骨干地区，应有领导地、重点地发展土地入股的农业生产合作社。
>
> 在农业互助合作的问题尚，必须批判两种错误倾向：一种倾向是消极的态度，否认现在业已出现的各种农业互助合作组织是走向农业社会主义化的过渡形式，否认它们带有社会主义因素，这种右的倾向，必然表现为落在实际后面的尾巴主义；另一种倾向是急躁态度，不顾农民自愿和当前经济条件，过早地企图否定或限制农民的私有财产，实行绝对平均主义，或企图兴办更高级的社会主义现代化的集体农庄，这种"左"的倾向，必然表现为超越实际可能性的冒险主义。②

以该《决议》的公布为标志，农业生产合作化运动的序幕正式被拉开。对于泮塘村的农业合作化运动，有村民回忆称："1956年年尾，成立农业合作社。合作社一成立，土地就归集体了。荔湾湖征地之前的时候，已经是农业高级社的时候，就是现在西郊物资公司的前身。先是成立农业互助组，有工作队进驻协助成立的，有多少户一个组，大家一起做，小集体。

---

① 李扬、武力：《中国经济体制演变研究》，武汉：华中科技大学出版社，2019年，第52-53页。

② 龙德、蔡翔主编：《中华人民共和国通鉴》，沈阳：辽宁人民出版社，2000年，第113页。

几个月之后扩大了，变成农业生产社。泮塘就分了5个社，条件成熟的互助组就升级成立农业合作社。五社最迟条件达标，就是所谓的'鸭滪'。因为那边的互助组缺乏劳动力，农业知识又最差。"（李姓村民C）按照这个说法，泮塘村推进农业生产合作化时，形成了五个初级社社。另外还有村民回忆："1955年是初级社，可以这么说，只是这年限都是很难分啦，以我们来计，当然是比较容易分。那时候的初级社一样是叫泮塘三社，泮塘五社，以社来计算。就五个社。那时行政管理是通过'社'来划分的，泮塘有五个初级社。1958年是高级社，后来转人民公社。首先开始的时候属于三元里公社，后来转成石井人民公社。三元里公社属于人民公社，后来转去石井。"（李姓村民A）

虽然我们目前搜集到的口述材料，都提及泮塘村农业合作化实现的过程。只是这个过程具体细节，绝大多数的村民都语焉不详。或者我们可以参考当时广州东郊的长湴村，来了解这个过程。根据相关研究，将长湴村农业生产合作社转变为高级社的过程整理成下表：[1]

时间	事　件	内　容
1954年	开始建立农业生产合作社	在生产资料方面，村民家庭只能保留5%左右的耕地作为自留地用来种植蔬菜、青饲料等，其余耕地评定产量折股入社，果树、花木、青苗、鱼塘等一并入社，一般小农具自带、自用、自修，大中农具及耕牛一般私有，租给社用；载劳动生产方面，村民的报酬分为土地报酬和劳动报酬两部分，均由社来分配。土地报酬固定，一般占入股产量的40%左右，劳动报酬依据工分获得。
1955年	建立起6个农业生产合作社	

---

① 周华：《宗族变公司——广州长湴村村民组织结构的百年演变》，北京：当代中国出版社，2014年，第42-49页。

（续上表）

时间	事　件	内　容
1956年	全体村民共267户建立起一个高级农业生产合作社	在生产资料方面，土地全部归社，土地股份取消，大、中农具和耕牛一般折价归社。在集体收益分配方面，村民的土地报酬取消，完全实行按劳取酬，由社、队两级分配，具体是由生产队定成本、定用工、定产量，向社包成本、包用工、包产量，超产获社奖励，称为"三包一奖"。户凭工分按劳取酬。基层政权组织发动村民建立高级农业生产合作社所推行的"阶级政策"是："巩固地团结中农，不要侵犯中农的利益，适当地向中农让步。"同时，也吸收地主、富农、反革命分子和其他坏分子即"四类分子"入社。
1958年	各高级农业生产合作社加入人民公社	在生产资料方面，家庭自留地和副业取消，原高级农业生产合作社所有资产并入公社；在集体收益分配方面，工分制、"三包一奖"制取消，劳动力按照"半供给半工资加奖励金"制参与集体收益分配。在供给部分，由公社供给社员生活所需，"根据国家规定的留粮标准，社内把社员所有的粮食留在社内，社按以人定量的标准发给社员食粮证，社员在食堂所食用的粮食部分，只交粮证，不再拿钱购买"；在工资加奖励金部分，社员"工资分七级，最高16元，最低4元，每级差额2元，评定工资根据下列四个条件：思想觉悟程度，技术水平，体力强弱，劳动态度（即思想意识）"。全体"基本工资占工资总额的80%，其余20%作为奖励金"。

　　泮塘村的农业生产合作化，应该与之类似，经历了从农业生产合作社，到高级农业生产合作社，再到人民公社发展的过程。根据《广州市荔湾区志》，1959年4月30日，西区的农业社加入郊区三元里公社，改称"西郊大队"；至1960年7月10日，中共广州市西区石井人民公社委员会成立，接管石井人民公社7个大队和三元里公社5个大队。[①]泮塘村内的三官古庙，也正是在这样的背景下被改为生产队队址。今天三官古庙旧址正门上方仍然刻着

①　广州市荔湾区地方志编纂委员会编：《广州市荔湾区志》，广州：广东人民出版社，1998年，第37页。

"石井人民公社西郊大队泮塘第三生产大队"的字样，这正是那一段历史留给我们今天的印记。

有关西郊大队的情况，我们可以通过1973年广州市郊区革命委员会对西郊大队的调查报告来了解。[①]报告中为我们提供了以下的信息。

第一，西郊大队以蔬菜种植为主业，报告中提及：

> 广州市郊区石井公社西郊大队，是个专种蔬菜的大队。这个大队自一九六四年学大寨以来，抓住菜区主要问题，向农民灌输社会主义思想，批评资本主义倾向，做到身居闹市，八年如一日地坚持为革命种菜、为城市服务的社会主义方向，使蔬菜生产优质、高产、多品种、均衡上市，连年增产、增收、增分配、增积累。一九七二年全大队蔬菜总上市量二千三百五十多万斤，平均亩产一万四千八百多斤，比一九六三年增长百分之四十八点七，其中一级菜达百分之八十。一九七二年总收入一百二十多万元，社员分配每人平均三百三十九元，集体家当增加到二百多万元。……西郊大队地处近郊，搞工副业条件比较好，有些投机倒把分子便上门拉拢社员搞非法经营。他们说："种菜能赚多少钱？不如多搞副业容易揾钱。"党支部坚决顶住了这股歪风。可是，有少数社员却埋怨大队干部"不会为集体揾钱"。这使党支部认识到，把投机倒把分子顶出门外还不够，更重要的是要经常向社员灌输社会主义思想，批评资本主义倾向，树立为革命种菜的思想。由于党支部坚持社会主义教育，不断同各种不良倾向作斗争，八年来一直坚持以菜为主、全面发展的方针；这样，不但没有减少收入，而且近几年来成为全市郊收入水平最高的大队。

第二，西郊大队的干部负责蔬菜销售的情况，报告中提及：

> "春淡"和"秋淡"是菜区的老大难问题，西郊大队前几年也

---

① 载中共广东省委员会宣传部，广东省革命委员会农林水政治部编：《广东省农业学大寨经验选编 第1辑》，广州：广东人民出版社，1973年，第12—16页。

未能解决。一九七一年，他们经过深入的调查研究，认识到在通菜和西洋菜交接期间出现的淡季，在生产上不是没有办法解决的，关键在于解决革命种菜还是为钱种菜的思想问题。例如提早种通菜可以解决春淡，但成本高、产量低、风险大，所以有人说："上级没有下达这项任务，何必自找苦吃？"针对这种思想，党支部组织群众开展了一场为革命种菜还是为钱种菜的大辩论，同时组织技术力量研究解决提高产量等技术措施，把通菜提早到一月播种，有效地解决了春淡，做到"淡季不淡"，"旺季不烂"。

……

有些人卖菜，先跑到收购站看价格，什么菜价格高，就上市什么菜，西郊大队的干部却不是那样。他们经常跑到市场去看市场的需要，菜少了就多上市，菜多了就推迟上市。有一次秋淡期间，大队已完成了上市任务，但看到市场的菜还不够供应，大队党支部便提出要支援市场。有的社员看到田里西洋菜只有五、六寸长，割不下手。党支部便拿国家免去粮食种植任务一事，对社员进行工农联盟的教育，提出菜农应该想城市人民之所想，急城市人民之所急，经常想到国家的关怀和工人的支援。经过教育，社员便纷纷拿刀割菜上市。由于不断灌输为城市服务的思想，现在社员都能自觉服从市场的需要。有一次，收购部门根据市场需要，想将西郊大队的一百四十亩茨菰，八十亩莲藕推迟三个月，到春节才上市，但考虑到大面积少收三造菜，使生产队减少了收入，感到为难。可是，当收购部门向群众说明情况以后，他们就主动推迟上市。

第三，提及西郊大队如何解决生产肥料的问题：

他们苦战八年攻下了肥料关。主要抓了三条：一是坚持常年收煤灰、积垃圾、挖壕泥。二是大力发展养猪养牛。一九七一年全大队养猪三千六百头，大大超过一人一猪、一亩一猪。养奶牛一百二十多头。三是筑起泵房五十多座，建污水渠一万四千米长，把四面八方的污水汇集到田间。肥料自给以后，他们把上级拨来的人粪尿指标，全部让给兄弟队。近五年来，国家每年都拨给十二万斤化肥，他们每年只留下五、六千斤，其余交给公社，用以支援兄弟队。

第四，报告中还提及西郊大队的耕地情况称：

> 由于城市建设需要不断征用土地，近郊菜区耕地逐步减少。西郊大队合作化初期有耕地五千多亩，现在只有二千二百多亩。在耕地逐步减少的情况下，党支部提出要大搞农田基本建设，做到土地少了，生产还要发展。他们带领群众，学大寨艰苦创新业。几年来，筑围建闸，兴修水利，使全部耕地自流灌溉，旱涝保收。平整土地四百多亩，降低地下水位五百多亩，改造低产田近四百亩，把一些低产田改造成为亩产双万斤的肥田。三上红峰山，劈石开岭造梯田五十多亩，填塘移坟开荒造地三百亩。做到见缝插针，利用五边地，大搞间种、套种，充分提高土地利用率。

此处提及由于广州城市建设发展，西郊大队的土地被不断征用的事情。事实上，土地不断被征用，不但为西郊大队带来完成生产指标的压力，还给泮塘村村民的社会身份及生活带来巨大冲击。

有当年参加过生产队工作的村民，目前仍然居住在村内。他回忆起自己当年在生产队中的工作经历称：

> 以前三官庙是生产队，工作由大队长分配，队长会在大黑板上一行一行挂"水筹"（竹筹），每一列做什么工作，需要多少人，就把那批人的"水筹"挂上去，即"挂筹"。工作一天安排两次，每天工作内容都不一样。上午的工作是前一晚提前安排，下午的工作就在当天一点钟安排。每一个人都必须自己去查看工作安排（比如，这几个人，去一亩割草；那几个人，去一亩种植；通常旱地和养猪的是不动的，其它的则灵活调配）。上午工作的前一晚，大家就已经去查看工作安排（也有早上去看的），提前做工作准备，大家都会力争选择最好的来做。在生产队没有什么印象深刻的事情，就是一味的劳动劳动劳动。还要抢活干，因为多劳多得。我刚去的时候，是按分来算，做完就可以了。然后做着做着，就开始有奖金，多劳多得，我就抢着去做。当时多数两个人合作。以前劳作

很辛苦，但工作时间短，不像工人那么久。做完就好。生产队排工有两种：排没有奖金的人，就是按分算的一般早上八点钟，到十一点钟，这是没有任务的工作。但是有任务的就是完成了就可以收工了。（植姓村民T）

相关口述中还提起生产队里的评级机制："我们生产队是九分制，九分就是最高分，即最高技术人员，那些人是有业绩的。什么都要懂，是全能的。有些就是六七分。种菱角都不是我们种，我还没种过菱角，我只做过收成而已。种这些要会做厉害的人种的，不是人人都会——茭笋、菱角、茨菇都是要八九分的高技术人员才能做，最差都要六七分。我就上到五分多，属于是半桶水，做做西洋菜、蕹菜（通心菜）那些简单的和收成而已。但是我知道很多东西。"（植姓村民T）

昔日泮塘水田（图片来源：荔湾区档案馆，著作权归属原作者所有）

荔湾湖开挖与农民身份的转变

　　荔湾湖公园位于广州市荔枝湾和泮塘地区，北至中山八路，西临黄沙大道，东靠龙津西路，南抵西关上支涌下游。历史上，此地名园荟萃，别墅群立，唐代有"荔园"，元代有"御果园"，明代有"听雪篷"，清代有"海山仙馆"，民国时有"荔香园"。由于岁月久远，以上提及的名园均已湮没无存。在广州解放后至未建公园前，荔湾湖公园所包括的区域是鱼塘、藕池、水生蔬菜田，所产莲藕、马蹄、菱角、茭笋、茨菇品质特佳，被誉为"泮塘五秀"。

　　1958年春，当地人民政府根据广州市城市建设总体规划，为改善荔湾地区居住生活环境，保护生态平衡，防洪防涝，减轻水浸西关民宅水患，组织全区人民义务劳动，把荔枝湾、泮塘一带的沼泽洼地、鱼塘、水生蔬菜田挖建人工湖名荔湾人工湖，是广州市向建国十周年献礼的三大市政工程之一，是荔湾区的特大建设项目。为了搞好荔湾人工湖的建设，区政府于是年3月28日成立荔湾地区改善环境工程处，直接领导，规划、筹建人工湖及建湖的日常施工的全面工作。区委副书记、区长吴新民任工程处主任。区委副书记黄国志，副区长叶继镇，区委组织部长罗浩江三人任副主任。下设四个组：秘书组，组长罗苏，负责财务解决被征土地的农民生活出路；组织组，组长何寿堂，负责劳动力动员组织工作；材料组，组长刘国华，负责材料工具采购保管发放工作；施工技术组，组长徐有河、王桥保，负责整个工地施工技术指导。区府办公室副主任谢家彦管全面工作情况。工作人员76人由区属各单位抽调。当年4月4日朱光市长为挖建人工湖动土兴工，至次年6月竣工，继之进行公园建设，人工湖随之改名荔湾公园，完成园林建筑五座及全园的绿化布置，大量种植荔枝、白玉兰等花果树木，初具公园规模，正式开放接待群众游览。至1960年荔湾公园正式命名为荔湾湖公园。龙津西路公园东门楼上荔湾湖公园五个大字是著名爱国民主人士、全国人大副委员长沈钧儒手书。当年6月1日，按照国家的管理体制，荔湾湖公园由荔湾区移交市园林管理处管理。至是年11月底市园林管理处又移交荔湾湖公园给荔湾区管，以便荔湾区负责的荔湾湖公园扩建工程与公园的日常管理工作统一领导。1965年11月，遵照园林管理体制，荔湾湖公园又由荔湾区移交给市园林局管理。[1]

1958年荔湾湖挖湖劳动场面（图片来源：荔湾区档案馆，著作权归属原作者所有）

---

① 以上关于荔湾湖开挖情况的介绍，详见荔湾湖公园：《重展荔枝湾风采——荔湾湖的过去、
　今天与未来》，载罗雨林主编，广州市荔湾区政协学习文史委员会编：《荔湾风采》，广
　州：广东人民出版社，1996年，第147-148页。

1
—
2

1 1958年4月5日朱光市长亲临荔湾湖开挖现场（图片来源：荔湾区档案馆，著作权归属原作者所有）

2 1959年广东粤剧团来荔湾湖建湖工地演出（图片来源：荔湾区档案馆，著作权归属原作者所有）

五十年代后刚建成的荔湾湖公园（图片来源：荔湾区档案馆，著作权归属原作者所有）

　　首先，荔湾湖的开挖，为泮塘村民的生活环境带来了巨大影响。有村民介绍这种影响称："城市发展，需要搞好环境卫生。那时候荔枝湾涌蚊子太多，所以那三大湖都是搞城市的环境卫生为主的。但是和治水也是有关的，是连为一体的。但是最主要的是，水田很容易滋生蚊子。那里有张图还写着'消灭蚊虫基地'。所以三大湖最主要的作用就是消灭了这些蚊蝇滋生基地，另外就调节城市的下雨时的蓄洪、排洪问题。"（李姓村民A）因为荔湾湖的开挖，蚊虫滋生等问题得到解决，泮塘村民的生活环境也得到改善。

　　其次，荔湾湖公园的开挖使得很多泮塘村民"农转工"与"农转居"。荔湾湖公园所包括的区域，原来皆为西郊大队泮塘第三生产大队的农业用地。在荔湾湖开挖之后，这一片区域就转变成为市政用地，由此对泮塘村民的社会身份和生活都造成了巨大影响。有不少村民因此摆脱了农村户籍，转变为城市居民。我们有幸访谈到一位因荔湾湖开挖而获得城市户籍的村民，他回忆当时情况称：

　　　　我是建湖的时候脱离了农民户口，变成了城市的农民。建荔湾湖时，很多人出去打工，那时候很多出了去做饮食。没建湖之前，很多土地其实都已经开始征用，很多人开始"农转工"，转入单位，转了好几百人，光是转入荔湾湖都转了60多人。很多家庭就两个户口，若果两个小孩，一个跟居民，一个跟农业。现在全部转给居民户口了。以前有个好处，农户不用交房地产税。祖居如果挂了农业户口的，就不用收房屋地产税。公社时期，居民户口的话，每样都会少一些供给的。不过话说回来，我们这边做农民很辛苦的。我父亲希望我千万不要做农民。长期在水田里干活，结果一到天冷的时候，经常皮肤"暴拆"。所以早期转业的时候，（大家都想转，所以）需要执筹，一个家庭是有配额的。（李姓村民A）

　　这位村民本来是西郊大队泮塘第三生产大队的社员，拥有的是农民的户籍。荔湾湖开挖，导致他所在的社土地全部被征用，这位村民也由此开始了"农转工"，从农民户口转变为城市工人户口。他还回忆起当时有一部分没有"农转工"的详细情况称：

这里征用的时候，我就转移到荔湾湖了。它本来应该是接受100多人的，但是很多人不想去。是分批的，第一批是60多人。我就是这样，从做农民到进了公园。另外，流花湖也是这样征用，那时候人民的水田没有占很大部分，很多就进入街道的安置（就业）。整个西郊，然后就补偿一些耕地。两边都计算了，同一个土地单位。在白云机场旁边有一些耕地，旱地。当时叫所谓的机关干部农场。它是荔湾区的认为是所谓右派的人是在那里干活的。那就把那块地转过来给西郊的去耕种。那就是用耕地来补偿。不过因为他们的地和我们的地生产的东西根本是不对等的。所以很快就白云机场那里的耕地也被征用，而且是没有补偿的。最多是青苗金，没有补偿金。因为小洲那个场生产的东西和我们的不同，另外我们的人要上上下下，要划船去的，坐不了车，（小洲就是现在靠近大学城那个小洲了，那里100多亩田的。）所以后来就放弃了。这一批人中，既没有补偿土地、没有转到职业的、没有入户口的，全部回来我们这里做农民了，回到西郊大队。那时候土地是属于集体的，所以那些人就回来了。西郊一共有十几个大队，每个生产队就抽一些人去轮着干活。但是那些人去到那里，就山高皇帝远，生产的东西和本来的格格不入。但是不能荒废那里的农田，就随便派些人去种，还是属于粗管理。当地的某个单位补偿回一些青苗费，那就划分出去了。（李姓村民C）

　　另外一位因荔湾湖开挖而获得城市户籍的村民也回忆起当时"农转工"的情况：

　　建荔湾湖的时候，很多人是不愿意转业的，因为那时候荔湾湖要养鱼，养好的鱼是归生产队的。所以，每个生产队要抽人出来管理。另外，在建荔湾湖的时候，征用了很多农田，它已经计划要吸收、转业。那时候我家里已经没有地的了，归生产队。

　　建荔湾湖和流花湖的时候已经是高级社了，也就是西郊发展公司的前身。征用了那么多农田之后，就在白云机场那边给回一些地那些人们。那时候我的妈妈也被抽去开荒，那时候我不让我妈去，就我自己去了白云机场那里开荒。做了几个月之后就自己走出来，去了工厂"天龙染织厂",后来改为"第一染织厂"。我一出去就转了非农户口。

那时候应该有二十几人在工厂工作,安排转业。征用一亩地,就安排相应人数的劳动力出去工作。补贴的青苗费是很少一部分,甚至是不到手的。我出去入厂打工的时候,泮塘这边很少工厂。转业荔湾湖之后依然是属于农业户口。后来的正式安排进入工厂的那些才作为公园的员工,才转户口。早期的时候是当借用人工而已。(李姓村民C)

结合相关的回忆,大概可以了解泮塘村民从城郊社员转变成城市居民的原因:荔湾湖开挖之初,政府在今天旧白云机场周边为西郊大队泮塘第三生产大队安排用地,作为补充。然而,由于各种原因,如地理距离过于遥远、耕作习惯无法调整等,只能另行安置。一部分人在当时人民政府的安排下转业了;另一部分人则被抽调到西郊大队其它的生产大队里,继续拥有农民户口。

除此之外,在荔湾湖开挖完成后,泮塘村民仍然有转变身份的机会。有村民回忆当时的情况称:"文革前后,好多人都转业了,很多人都变居民了。导致我们村民很少,不过原居民就很多。五约来说,三、五队为主,不过人不多,而且"不在其位不谋其政",只管自己社员的事了,生产队变成只是挂名的社团了(李姓村民P)"。泮塘村民之所以能持续得到转业的机会,应与城市建设的不断发展有关。前文引用1973年对西郊大队的调查报告提及:"由于城市建设需要不断征用土地,近郊菜区耕地逐步减少。西郊大队合作化初期有耕地五千多亩,现在只有二千二百多亩。"因为城市建设的需要,地处近郊的西郊大队成为重要的征地对象。西郊大队管理的耕地日渐收缩,为泮塘村民持续的"农转居"创造了条件。

街道工业的兴办

1958年5月,中共八大第二次会议在北京召开。会议讨论并通过了刘少奇作的中央委员会的工作报告,邓小平作的关于各国共产党和工人党的莫斯科会议的报告,谭震林作的关于农业发展纲要(第二次修正草案)的说明。会议正式通过了中共中央根据毛泽东的倡议而提出的"鼓足干劲、力争上游、多快好省地建设社会主义"的总路线，号召全党和全国人民认真贯彻执行社会主义建设的总路线，争取15年或者在更短的时间内，在主要工业产品产量方面赶上和超过英国。[①]会议后，中共中央在工业领域提出了"全党全民办工业"的口号。广州积极响应中央的号召，提出"要把广州市建设成为华南的工业基地"。在这样的背景下，街道工业应运而生。相关研究归纳当时广州街道工业的特点有[②]：

（1）大都是简单的加工或者生产，但产品非常丰富，有打麻绳、制煤球、撕纱、撕电线等约100多种加工工场。此外，还有一些街道办了一些小型工厂，如北区筹办的电筒厂、塑胶厂、农药厂，中区也在筹办汽车修理厂、化工厂等。

（2）街道工业设备简陋、技术不高、资金薄弱。生产一般都是投资少、成本低、粗工易学、人人都可参与的加工性和服务性的生产。如纸盒加工，只不过是按照模型大小进行裁切纸皮，糊上浆糊，许多人都是一学就会。

（3）街道工业大多是党和政府主导的。"只有少数是由群众自发的组织或由个体户合并组织后报街道批准的，多数是通过街道的领导发动群众组织起来的"。其领导和骨干大多是居委会干部和街道中政治觉悟较高的积极分子，素与政府联系紧密。

（4）街道工业的劳动力以家庭妇女为主。不少街道工业由于生产过程简单，不需彼此共同协作也可以单独完成加工任务，也有的由于厂房难觅，分散家内生产的所占比重极大。如中区大新街45家生产单位种，有85-90%的单位分散家内生产。这也使街道工业可以由以妇女为主的半劳动力担任。

根据泮塘村民的回忆，我们可知有不少村民有过参与街道工业的经历。下文录入三份与之相关的口述材料：

那时候街道组织每条街道的闲散人做，（倡导）每条街道没有

① 郑建英、陈文柱主编：《新编中共党史简明辞典》，哈尔滨：哈尔滨出版社，1991年，第85页。

② 黄利新、张栩华：《大跃进时期广州市街道工业研究》，《广东党史与文献研究》2019年第3期，第48-59页。

闲散人，每个有劳动力的人都要参加。如果是农业人口就回到生产队。如果你是居民户口，你就加入这些团体来工作。1958年的那个时候出了大跃进、人民公社、总路线，三面红旗，政府提倡的。麻绳组、塑料组这些（设在了五约），做麻绳、塑料：在现在的涌边街，光远堂东侧的地方，盖涌后盖了一条街都是房子，那个地方就是麻绳组了；仁威庙就是塑料组，正中的那一座就是做塑料，其他地方则属于学校。（李姓村民A）

我弟弟早毕业了两年，就去街道工业帮一下忙。就在现在放建筑材料那里，当时街道工业刚刚兴起，就拿那块空地搞钢丝承揽社，昌华街的之前是麻绳组。建厂的时候，捉一些刚毕业又没找到工作的年轻人，从涌这边拉一些杉板过去，搭厂房，做了没报酬的。这也没办法的。（李姓村民C）

19岁（1979年）开始入厂做工，做自行车的前叉泥板。最开始厂名叫'自行车零件一厂'，临近周门，位于石路基'解放家具厂'旁边。后来大概1980年厂改造叫'前叉泥板厂'。再后来没泥板做了，只做前叉，改名叫'前叉厂'。做着做着泥板，其它厂来学，拼入我们自行车公司，厂里把泥板移交给他们做。厂房位置没变，只是部分的零件给了别人做。（李姓村民X）

八十年代包产到户后的泮塘

党的十一届三中全会后，在解放思想、实事求是思想路线的指引下，农村有步骤地进行了经济体制改革。经过几年的试验和实践的比较和选择，联产承包制成为农业的基本经营方式在全国普遍实行。1979年9月，中共中央通过了《关于加快农业发展若干问题的决定》，《决定》共分四个部分：（1）统一全党对我国农业问题的认识；（2）当前发展农业生产力的二十五项政策和措施；（3）实现农业现代化的部署；（4）加强党和政府对农业的领导。决定第一部分简要回顾了中国农业发展的历史，总结了主要经验教训。决定第二部分提出了二十五项农业政策、农村经济政策和增产措施，规定增加国家对农业的投资和贷款，提高粮食和其他农产品、畜产品、林产品等收购价格，降低农用工业品的销售价格，粮食征购实行"一定五年"不变的制度，并迅速增加化肥农药、各种除草剂生产，实现机械化。第三部分提出要走出一条适合中国情况的农业现代化道路，并对此作了部署。第四部分提出加强党和政府对农业的领导，规定了组织措施和工作方法。①特别需要注意的是，该《决定》第一次允许某些副业生产的特殊需要和边远山区、交通不便的单家独户等，在小范围内试行包产到户，这是对长期形成的僵化体制的第一次突破。

在大政策的背景下，泮塘村所属的西郊大队也开始施行家庭联产承包责任制。有村民回忆当时的情况称："改革开放前，改革开放后分田到户再耕种嘛，又走到了前一段：提高效益，就不要大家捆在一起，就分田到户，自己自耕自售。生产队的时候，早期属于郊区，后来属于白云区。每个生产队都要落任务，你有是多少农田，每年你有多少蔬菜任务，是上面派下来的。如果你完成任务，超产多少，多多益善，（国家）市场一定会收购的，收购拿去扔了也是另外一回事，这个时候农民就得益，就不像现在荔枝那样，自己找不到地方卖就没用了。我们是亦农亦商，最多人去菜市场卖东西，自己担个担，卖花买菜卖五秀。偶尔也会去三元里买些菜心，整理过之后再卖。菜心是每一条都洗干净的，买回去就不用再摘的。主要是卖农产品。"（李姓村民A）

实施家庭联产承包责任制后，西郊大队的生产力得到解放。《人民日报》1982年3月13日的报道中，详细报道了西郊大队当时的情况：

> 本报讯广州市郊有一个石井公社西郊大队，在跨进1982年的日子里，大队的干部和社员翻开历年的记录，统计出这样一个数字：从1959年以来的二十多年里，总共生产了4.6亿多斤蔬菜，这些菜全部按合同交售给了国家。
>
> 人们说西郊大队风格高，这个数字就是有力的证明。这里邻近闹市，附近又有农贸市场。得此地利，捞外快发横财只是举手之劳。可是，全大队从来不走这条路来发财致富，广大干部和社员常常这样互相告诫：搞好广州蔬菜供应是近郊菜农应尽的义务。对国

① 有关该《决定》的介绍，详见李放主编：《经济法学辞典》，沈阳：辽宁人民出版社，1986年，第269页。

家、城市、集体有益的收益，应当一分一厘都去争取；但是，有损人民利益的横财，垂手可得的也不能拿。

去年6月初到8月初，连续三次大暴雨袭击市郊菜田。7月下旬到8月中旬，每天上市蔬菜比正常上市量减少了三分之一到一半。这期间的农贸市场，蔬菜价格急剧上升。"二道贩子"盯着这个"行情"，常常跑到蔬菜源源上市的西郊大队田头，甚至半路拦截，企图倒卖蔬菜，但都遭到大队干部和群众的拒绝。

地少人多，是广州市近郊菜区的特点，西郊大队平均每个劳动力就只有一亩地。但是，大队干部并没有因为地少而把主要精力放在发展工副业上，他们考虑的是，怎样利用充裕的劳力进一步种好管好蔬菜。在这里可以看到，在大田种菜的社员，经常占全大队劳动力总数的60%。1300多亩菜田，都按国家计划种足蔬菜。

这里的中心地带土名叫泮塘，历史上盛产著名的优质蔬菜"泮塘五秀"（菱角、慈姑、莲藕、茭笋、马蹄）。近十多年来，泮塘、小梅一带许多菜田上建成了厂房。为了恢复和发展市民喜爱的"泮塘五秀"，大队根据群众的意愿，把集体积累的相当一部分用在菜田基本建设上。他们在珠江河畔面积900多亩地势低洼的荒滩上，投资20多万元，修建了排洪站、节制闸，开挖了渠道，还把奶牛场、猪场搬来，以便利用猪牛粪便来施肥。如今，这个荒滩已经逐步变成"泮塘五秀"的生产基地。

为了保证蔬菜上市，大队的奖励和分配，立足点都是促进蔬菜生产。去年，大队订出了完成蔬菜上市任务好、产值增加的单项奖。春秋两季蔬菜生产青黄不接期间，大队又每月拨出2000元给生产队，还从工副业利润中提留18%，拨给生产队分配，使种菜社员的分配略高于工副业人员的水平。在去年自然灾害频繁袭击的情况下，全年蔬菜还超额完成上市任务近70%。

西郊大队在抓好蔬菜的同时，还认真搞好工、副业生产，促进了社会主义集体经济的全面发展，增加了社员收入。去年全大队平均每人分配达到1100元，比上一年增加200元。①

---

① 梁兆明：《二十多年来坚持按照合同向国家交售蔬菜，广州西郊大队菜农尽职责讲风格》，载《人民日报》1982年3月13日，第3版。

通过这篇报道可知，在施行家庭联产承包责任制后，西郊大队的生产力得到解放，不但完成了国家分配的农业任务，还改善了队员的经济状况。

从"西郊生产大队"到"西郊经济发展公司"

根据村民的回忆，改革开放后，西郊大队掌握的土地比之前大量减少。有村民回忆当时的情况称："从1978年文革结束'分田到户'到1985年泮塘农田基本被征用，是有一个过程的。农田是逐年逐年减少的的农田，那时是基本上都存在。所以，大概八十年代的时候，政府曾经想把那里作为一个'农田化''规范化'的点。原来各个队的农田都是很分散的，这里一块，那里一块。后来政府就把农田都重新划区、重新调整。但是，现在，没过珠江大桥那些地在八十年代的时候就基本上被征用了。那些以前有农田的人，有些就在征用时由农转工。有些就自动放弃了，成为了自由职业者。改革开放后，限制也少了很多，很多不打算转业的人，也不从事农业了。"另外他还提及当时的征地模式："那时，已经不是政府主导征地这个事情了。在政府允许的情况下，企业可以自行和农业生产社，我们这里，就是和西郊大队商讨这件事。"（李姓村民A）

在城市化和市场化的双重冲击下，大量的土地被西郊大队转让出去，从原来的农业用地变成商住用地。西郊大队仍然保留有部分土地，但也不可能按照原来的方式去经营土地了。有村民介绍西郊大队的转型称："西郊大队是一直存在的，现在改名叫'西郊经济发展公司'了。……西郊大队的农田大幅减少，但是物业就逐步增加。"（李姓村民A）"西郊大队变公司后，股份制，现在的股东基本都是原来西郊大队的。三、四、五社的队长都是。"（李姓村民C）

新成立的"西郊经济发展公司"，据《荔湾年鉴》记载，由荔湾区老城区内泮塘、南岸、澳口、源溪、西场、增埗、西村、小桥、周门、金雁里10个自然村中不到5%的原农业人口组成，由15个经济社组成。其集体物业分布在逢源、昌华、南源、彩虹、西村、战前、金花、桥中、同德、松洲以及流花等13个行政街。2010年底有泮塘、南岸、增埗、西村、小梅等15个经济社，在册人口2604人。广州西郊经济发展公司（经济联社）是西郊村2002年"村改居"后改制成立，物业有荔湖大厦、西郊大厦、白马西郊商场、荔珊大厦、荔江大厦、荔泉大厦、荔海楼、荔湾楼、科工贸园、设计港、荔河商贸中心等。2009年8月起，对西郊经济发展公司经济管理归口区农业水利局，社会管理由彩虹街办事处属地管理。①

从"西郊大队"转变为"西郊经济发展公司"，改变的不仅仅是名字，还有经营模式。西郊大队主要从事农业耕作，而西郊经济发展公司则主要经营物业。在西郊经济发展公司名下，诞生了一些影响全国的知名品牌，如被誉为"儿童憧憬的服装王国"的荔湖大厦，相关资料介绍称：

> 一到中八童装妇婴用品广场，你就会感叹童装的琳琅满目，牛仔装、公主裙、唐装一点也不逊色于成人服饰。
>
> 中八童装妇婴用品广场是广州市西郊经济发展公司自有物业，该广场成立于1995年，经过10多年的发展，汇聚中、港、台800多家知名厂商进场经营，成为国内最具规模和最具影响力的专业批发市场。
>
> 广州市西郊经济发展公司蔡总经理说："我们为打造专业批发市场这个牌子想了很多办法，不断同客户研究，集思广益，先后投入数千万元进行扩建和改造。下一步计划再投入2000万元来改造经营环境，在方便客户交通、存取款等方面进行投入，以提高整体经营水平和影响力。"
>
> 中八童装妇婴用品广场从2002年开始，重新对广场进行规划布局，投入巨资进行升级改造工程。至2004年底，已建成了集产品展示、经贸洽谈、商务办公等多种功能于一体的高级品牌童装展示区20000多平方米。广场副经理叶笑梅介绍说："我们在展示区内配备了客货电梯、中央空调、电子监控、宽带网络等现代化先进设施。目前，已有200多家国内外知名儿童服装生产商、代理商及经销商进驻，成为全国最大的高档知名品牌童装交易平台。"②

---

① 钟紫云主编：《荔湾年鉴2011》，广州：花城出版社，2011年，第250页。

② 张卫东、陈丽科、常菁：《从地摊到大棚再到商城——广东服装市场"脱胎换骨"》，载《中国经济周刊》2006年第8期，第35页。

第三章

泮塘五约历史文化物质空间遗迹

相关历史文化要素可总结为两大类：物质历史文化要素和非物质文化要素。其中物质历史文化要素主要体现在古建筑、街道、古树木、小品等；非物质历史文化要素包括文化、宗教和节日活动等。

一、不可移动文物、历史建筑、传统风貌建筑

泮塘五约保留的传统建筑类型丰富，包括：庙、塔、祠、书舍、民居等。根据2013年-2024年最新的广州市文化遗产普查结果，泮塘五约内有3处不可移动文物；2处历史建筑；11处传统风貌建筑、1处传统风貌建筑线索。

表 1　泮塘五约内不可移动文物、历史建筑、传统风貌建筑及线索

类　型		名　称	地　址
不可移动文物	广东省文物保护单位	仁威庙	昌华街道泮塘社区仁威庙前街22号
	荔湾区登记不可移动文物	皞遐书舍	昌华街道泮塘社区龙津西路泮塘五约七巷21号
	荔湾区登记不可移动文物	半溪五约亭	昌华街道泮塘社区龙津西路泮塘五约直街街口

类　型	名　称	地　址
历史建筑	泮塘五约直街41号民居	荔湾区昌华街道泮塘路泮塘五约直街41号
	李氏敦本堂（含大明李氏墓）	荔湾区昌华街泮塘路泮塘五约七巷18号
传统风貌建筑	泮塘五约三巷20号民居	荔湾区昌华街泮塘路泮塘五约三巷20号
	泮塘五约南横巷6号民居	荔湾区昌华街泮塘路泮塘五约南横巷6号
	泮塘五约涌边街10号民居	荔湾区昌华街泮塘路泮塘五约涌边街10号
	泮塘五约直街118号民居	荔湾区昌华街泮塘路泮塘五约直街118号
	石井人民公社西郊大队泮塘第三生产队旧址（原三官庙旧址）	荔湾区昌华街泮塘路三官庙前街11号
	三官庙前街15号民居	荔湾区昌华街泮塘路三官庙前街15号
	三官庙前街17号民居	荔湾区昌华街泮塘路三官庙前街17号
	三官庙前街19号民居	荔湾区昌华街泮塘路三官庙前街19号
	泮塘五约外街巷门（含李氏光远堂）	荔湾区昌华街泮塘路泮塘五约外街84号对面
	泮塘五约八巷4号民居	荔湾区昌华街泮塘路泮塘五约八巷4号及4号后座
	泮塘五约外街19号民居	荔湾区昌华街泮塘路泮塘五约外街19号
传统风貌建筑线索	泮塘五约三巷19号民居	荔湾区昌华街泮塘路泮塘五约三巷19号

仁威庙

　　仁威庙坐落于广州龙津西路仁威庙前街，旧泮塘乡内，占地2200平方米，是一座专门供奉道教真武帝（北帝）的神庙。它是当时泮塘恩洲十八乡最古老、最大的庙宇。由于当地乡民以打渔、种植"茭、莲、菇、菱、荸"五秀特产驰名省内，于是人们为了感恩邀福、平祸减灾，特别流行供奉玄武帝君。玄武为蛇龟合体的形像，为中国古代北方之神，与青龙、白虎、朱雀合称为四方元神。因为北方是水位，武帝司水，所以人们称玄武为北帝，唤它为水神。史籍记载：仁威庙始建于北宋朝皇祐四年（1052年）。明朝天启二年（1622年）、清朝乾隆年间（1736年—1795年）和同治年间（1862年—1874年）都进行过规模较大的修建。清朝乾隆年间重修前，该庙只有中路和西序的前三进房舍，重建时增设了后二进建筑和东序。

　　仁威庙平面略呈梯形，坐北朝南，广三路深五进，另有偏东一列平房。前三进建筑，当中为主体建筑，东、西为配殿，第四进为斋堂，第五进为后楼。沿着南北中轴线，依次为头门、正殿、中殿、后殿和后楼，左右为东、西序。头门面阔11米，深8米。门外两侧各立一花岗岩石柱，柱头雕有石狮子，柱身雕祥云和二龙戏珠，线条流畅，形象十分生动，俗称为"龙柱"。

　　主体建筑东西阔40米，南北深54～60米．是砖木混合结构。屋举9架梁，房顶是5级叠阶梯形的风火山墙，上盖绿灰筒瓦，采用蓝色琉璃瓦剪边。屋顶正脊和两侧山墙顶的瓦饰陶塑人物、脊饰亭台楼阁和舞台戏曲人物都是清代广东佛山石湾文如璧店烧制。上有"同治丁卯"（同治六年，即1867年）字样，隐约可见。屋梁、枋、驼峰、雀替等都做成木雕的工艺构件，雕刻成麒麟等吉祥纹饰，遍地金彩。檐板雕刻更是精细，吉祥纹、戏曲人物都雕刻得生动传神。墀头上的砖雕花纹也是精雕细刻，独具匠心。莲花形的斗拱、支柱梁架的叉手、托架都被雕成倒挂鳌鱼状。雀替、驼峰和封檐板等更是通透玲珑，上漆贴金，是潮州金漆木雕的风格。多层次复杂的通雕，把浮雕、沉雕和圆雕汇集于同一个画面上。正殿面阔9架用4柱，以穿斗与抬梁相结合的梁架结构，采用勾连搭的形式，把正殿梁架与四檩卷拜亭的梁架有机地连在一起。斗拱、梁架、雀替、驼峰等所有构件与头梁架的风格一致。驼峰上的雕刻有狮子舞球、龙凤呈祥、鲤鱼跳龙门、喜上眉梢等吉祥纹饰。正殿前横向梁枋的下面雕群仙贺寿、福寿双全等纹饰。底部则雕有流畅的如意纹图案，其造型优美，雕工精细，层次分明。明间两金柱间的漆空枋雕有八仙等人物。所有梁枋的底部都雕有花纹，雕工极其精细。人物和动物造型栩栩如生。木雕上均涂以金彩。第三、四进的建筑及东、西序的房舍造工略欠精细，而建筑式样及风格与正殿基本一致。庙中的建筑雕饰，集丹青、木刻、砖雕、灰雕等各种艺术于一体，其雕饰物形象生动，栩栩如生，集中了岭南古建筑艺术的精华，被誉为"桂殿兰宫"。同时，整座庙宇造型各异，有方形、八角形，也有覆盆状的。柱子有石柱、木柱，柱的截面有方形、八角形、圆形，也有转角柱。仁威庙中的木雕、石雕、砖雕都各有特色，工艺亦十分精湛。陶塑、灰塑工细劲秀，具有浓郁的岭南地方特色和风格。庙内还有碑记多块。清代有一段时期取缔祖祠，乡民为保存这间庙，专意在后座供奉孔子和关公。其时庙内有一副对联："仁敷四海．威镇之城"——其中上联头字"仁" 指孔子，下联"威"则指关公关云长。过去这里还有多副对联，现大部分已失散。其中有副对联，"旭日湛珠江源接香浦石门四海同沾帝力；龙津连泮水派通红桥荔岸千秋共浴仁威。" 历史上，仁威庙一直是广州市西部和南海、番禺、顺德等地信仰道教群众进行宗教活动的场所。但到第二次鸦片战争，外敌入侵，泮塘乡民在仁威庙附近"复倡团练，以抵抗外洋滋扰"。仁威庙实际上已成为清末广州地区抗击外国侵略者的一个重要据点。

但仁威庙能保留至今实属不易，据本地长者口述："原本学校在仁威庙后方，后来孙科任广州市长，乡民害怕征用该庙，就将学校迁至仁威庙，将仁威庙堂改为一所学校，并向政府捐款，才保留了下来"（李姓村民A）。到中华人民共和国成立初期，这里又办起工农业余学校、西村第一中心小学、泮塘小学，还有部分房舍做了泮塘街派出所。六十年代"闹革命"，派出所撤销，干脆又在庙中办起了塑料厂间。一直到"文革"后，仁威庙得到修复，广州市道教信徒多次要求恢复为道教活动场所。

2002年12月，经广州市政府、荔湾区政府批准，仁威庙移交给广州市道教协会，作为宗教活动场所管理开放。仁威庙成为广州市继三元宫、黄大仙祠、纯阳观之后的第四间经政府登记开放的道场。1993年8月被广州市政府确定为市级文物单位。2012年10月被广东省人民政府公布为省级文物保护单位。

关于仁威庙的起源，有这样一则传说：

宋初年间，村里有一对亲兄弟，一个叫仁，一个叫威，兄弟俩自幼父母病亡，幸得街坊施舍食粮，始得以成人。长大成人的兄弟俩以打鱼为生，虽然贫穷，但相处和睦。他们早出晚归，将捕获到的鱼卖一些，给街坊邻里送一些，深得大家的称赞。有一日，兄弟俩像往时一样，披着灰朦朦的晨雾出去打鱼，突然，天空乌云密布，平静的海面泛起了大浪，汹涌澎湃，兄弟俩急急收网回航。当他们回到村里时，村子已经一片汪洋大海，逃出生天的人们站在水岸嚎啕大哭，水面处处可见到猪鸡狗等禽兽的尸体，过了两天两夜，洪水才逐渐退去。阿仁和阿威对村里发生的灾害十分难过，他们决定寻找可以镇村的宝物。终有一日，在他们出海打鱼的海岸上出现了一块巨大的石头，石头呈长方形，仔细看上去似有一条长龙附在石上。

兄弟两人觉得这石头不同寻常，喜出望外，便将大石抬回村里。当他们将大石抬到村头时，大石突然变得异常沉重，五六个人竟也不能移动它。村里人于是纷纷在村头给大石设香跪拜，祈求平安无事。从此，村里真的再也没发生过水灾，人人相安无事，年年五谷丰登。10年后的一个晌午，阳光灿烂，天上突然打了一个响雷，将村头那块不同寻常的石头劈开两半。恰巧这天，大家都不见阿仁阿威打鱼回来，第二天是这样，第三天也是这样，大家四处寻找，也没找到他们的下落。此后，他们兄弟俩再也没回过村里，大家都认为他们搬走了海龙王的宝石，遭海龙王的惩罚，葬身大海了。为了纪念兄弟大家在村头建了庙，并用被劈开两半的石头做了门柱，以兄弟二人的名字给庙取名为仁威庙，从此，便成了人们烧香拜佛，节日喜庆唱戏聚会的地方，这欣喜的怪事在乡间风传开来，百姓们奔走相告，信者云集，参拜仁威怪石的人众多，于是乡里乡亲的一呼百应，索性集资修建起"仁威庙"。

除此之外，据说原来的仁威庙的风水极佳。根据村中老人家口述：

旧时在大埠头这里有一条涌，涌虽然是很窄的，只有一米多。但这条涌到仁威庙的西侧建了一座"茶棚桥"。这座桥是一座拱桥，有一级一级的石阶。而桥下的涌是直的。所以看起来桥和涌就像一把"剑"，拱桥为"剑托"。原来，涌边街，外街，窄外街，恩洲直街，井巷，芹香里，组成了一个风水局在这里的。这个地圈着，泮塘五约、四约、三约等整个环抱在一起，是对称的。这是我们的先民利用风水学原理弄出来的一个平面结构，组合起来就叫做"七星"组合或叫"龟蛇二相"组合。也就是用了自然的物体把道路分割，用于围着这个庙宇。仁威庙前面有水，但后面没有山，所以在庙的背后种了若干比庙宇还高的樟树、榕树，用来做坚实的"后岸"。因此我们这边虽然很穷，但一般不会饿死人。我们的风水局就是从仁威庙开始的。（李姓村民A）

1
—
2

1 仁威庙现状（拍摄于2024年）

2 仁威庙南立面测绘图（图片来源：象城建筑）

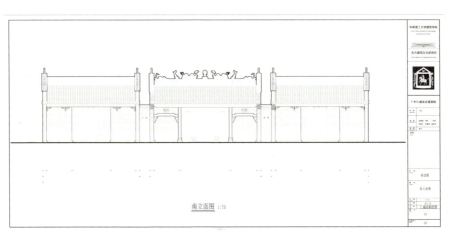

南立面图 1:75

半溪五约亭

在泮塘五约直街上有一座半溪五约亭，上有石门额楷书"半溪"两个大字，上款"同治元年修立"，下款"里人黄其表敬书"。石对联为"门接水源朝北极，路迎金气盛西方"。从该对联可以了解到以前泮塘的地理方位。

半溪五约亭现状（拍摄于2021年）

敦本堂、睄遐书舍和大明李氏墓

敦本堂李姓的始祖，当追溯到宋嘉祐年间入粤的始祖李邵。李邵的四世孙李仙芝，始迁广州番禺河南鹭江村，李仙芝后人中，最为著名的当数其曾孙李昂英，乃是南宋理宗时期的名臣。李仙芝的后人迁徙于各地，泮塘敦本堂李氏正是其中的一支。李仙芝曾取八十个字，作为后世子孙的字派。这八十字为：仙才益俊翁，镇国主宗功；利用和为贵，永久兴家崇；祖荫诒谋远，孙承燕翼长；本源宜继述，奕世定连芳；佑启开昌炽，光辉著敬熙；发祥昭伟德，显耀肇丕基；泽绍循良厚，名从哲学修；文章成大业，经济建鸿猷。这八十个字，也成为了敦本堂的字辈。

据考证十七世李祖，由番禺迁来泮塘，而大明李氏墓，即为李
祖之墓。据说并非衣冠冢，以前李氏墓在村落一隅，后村落逐渐发
展就变成村中心的位置了。目前的李氏敦本堂这一支繁衍至今泮塘
"承"字辈为三十或三十一代后人。（李姓村民V）

大明李氏墓与敦本堂、皞遐书舍成为一个整体，为祠墓合一的建筑形
制。祠堂坐北朝南，墓地为祠堂后侧，坐南朝北；而皞遐书舍则在祠堂的东
侧。据村中长者口述，原墓地北侧有一池塘，为墓地的风水塘，后被填埋消
失。

皞遐书舍现状（拍摄于2024年）

$\frac{1}{2}$ 　　　　1 2 李氏祠堂（敦本堂）现状照片及航拍（拍摄于2024年）

1
2

1 大明李氏墓修缮前（拍摄于2018年）

2 大明李氏墓修缮后（拍摄于2024年）

石井人民公社西郊大队泮塘第三生产大队

　　现石井人民公社西郊大队泮塘第三生产大队原为泮塘五约三官庙。三官庙祭拜天、地、人三官，偏厅曾有60个太岁祭拜，曾是泮塘五约最重要的庙。万佛诞与五约庙会都会在此举行。七十年代时曾拆除前一进，并在后一进的基础上加盖，现成为"石井人民公社西郊大队泮塘第三生产大队"的队址。

改建前的三官庙（图片来源：泮塘第三生产大队）

三官庙后的龙船埠头（图片来源：泮塘第三生产大队）

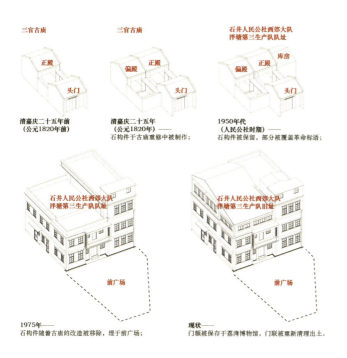

三官庙改建过程（图片来源：象城建筑）

$\dfrac{1\quad 2}{3}$

1 2 3 三官古庙门额石及门联石构件（拍摄于2022年）

1 2 微改造前后的三官庙前广场对比

$\dfrac{1}{2}$　1 2 西郊大队泮塘第三生产队（原三官庙）现状（拍摄于2024年）

李氏祠堂（光远堂）

李氏祠堂（光远堂），现仅存一进，解放前1940年代曾为私人的民办小学名"培光小学"，1958年开挖荔湾湖公园后，合并入仁威小学，并被划入荔湾公园管理处作为电房，现空置。侧面相连泮塘五约外街门楼。有村民回忆称：

> 光远堂解放前已经做了子弟学校，解放后就做培光小学。所以祠堂的功能很早就没了，解放前族人搞了学校，解放后顺理成章国家就拿了做学校。对面的那个厅有人住的，是一个看守的老伯伯，阿公来的，一直在那里住。到了我们这一代，都不知道屋契在哪，有没有交出来不知道，反正现在是国家的了。他住那里也要交租的。荔湾湖一挖，光远堂就没了，建了间红菱饭店，祠堂就做了他的厨房。光远堂门口变了电工的工具房。（李姓村民C）

泮塘五约外街门楼现状（拍摄于2021年）

$\dfrac{1}{2}$

1 李氏祠堂（光远堂）现状（拍摄于2024年）
2 李氏祠堂（光远堂）现状（拍摄于2024年）

二、历史环境要素

　　除了不可移动文物、历史建筑和传统风貌建筑外，泮塘五约内还存有大量的历史环境要素，包括石碑、石门楼、古树名木或大型乔木等。

表3 泮塘五约内石碑、石门楼、古树名木或大型乔木等

序　号	类　型	数量	名称/地址
1	碑刻	5座	"三官古庙"门额石及门联石、道光21年刘李两姓宅地碑、泮塘村"社稷之神"碑、李宅石碑、重修三官古庙碑记
2	门楼	1座	泮塘五约外街门楼
3	古树名木或大型乔木	4颗	半溪五约亭、仁威庙停车场东侧、泮塘五约外街44-1号对面、三官庙前街11号旁

其中五块石碑的内容为：

表4 泮塘五约内其中五块石碑内容

名　称	所在位置	简　介
"三官古庙"门额石及门联石	原为嵌于三官庙的门额及门联	花岗石质地，原为三官庙的门额及门联石，三官庙改建后门额石目前存放于荔湾博物馆（现为可移动文物），门联石曾埋于三官庙前广场地下，微改造后挖出，现原址保留。
重修三官古庙碑记	现嵌于石井人民公社西郊大队泮塘第三生产大队旧址墙壁中	此碑文撰写于嘉庆二十五年（1820年）。为了纪念嘉庆年间三官庙的重修。从碑文中可以了解到泮塘五约三官庙的历史文化。
"社稷之神"碑	原嵌于泮塘路泮塘五约外街94号门前街巷边	花岗石质地，刻立年代不详，碑长46厘米，宽28厘米，厚度不详，上刻"社稷之神"四字楷书字体。
泮塘"刘宅与李宅"碑	泮塘五约七巷7号与9号之间，与屋墙相接	花岗石质地，清道光二十一年（1841年）刻立，高约80厘米，宽约40厘米，厚约12厘米，字体楷书。碑为泮塘乡民刘、李两姓所共立，内容有关住宅相接互让事宜。
泮塘村"李宅石碑"	嵌于泮塘五约七巷8号门口	花岗石质地，清光绪二十七年（1901年）刻立。长约60厘米，宽约30厘米，嵌在周边条石中，厚度不详，文字楷书。内容有关泮塘李氏村民的家事。

刘李两姓李宅地碑（拍摄于2018年）

三官古庙门额石（可移动文物，现存放于荔湾博物馆，拍摄于2024年）

李宅石碑（拍摄于2019年）　　社稷之神石碑（拍摄于2019年）　　重修三官古庙碑记（拍摄于2018年）

表5 泮塘五约内的古树名木或大型乔木

序 号	名 称	位 置	备 注
1	细叶榕	半溪五约亭	古树名木1040081
2	细叶榕	仁威庙停车场东侧	大型乔木
3	细叶榕	泮塘五约外街44-1号对面	大型乔木
4	细叶榕	三官庙前街11号旁	大型乔木

　　除此之外，在大明李氏墓旁的泮塘五约直街61号及泮塘五约四巷巷口的建筑墙上，有广州市乙卯洪水（公元1915年）时刻下的水灾最高水位线。这次洪水，是珠江流域有史可考范围内影响面积最广、灾情最大的一次洪水，两百年一遇。据说，广州芳村、花地、西关一带地势最低，水最深处达三四米；不少居民爬到树上躲避，有的家长怕孩子脱手落水，用绳子把孩子绑在树上，水淹广州城七日七夜不退。这是目前广州历史城区内为数不多的乙卯洪水的历史见证。目前直街61号的记录现存，而泮塘五约四巷巷口的记录已经消失。

广州乙卯洪水的泮塘最高水位线刻记（拍摄于2024年）

广州乙卯洪水的泮塘最高水位线刻记（拍摄于2021年）

三、已消失或改变功能的传统历史遗迹

除了现存的历史遗迹外，泮塘五约内曾经有大量的公共建筑在城市发展的进程中被拆除，主要有以下建筑：

（1）黄氏大宗祠："味经堂"为泮塘黄氏大宗祠，又名大祠堂，正面三开间，两进深。祠前原有旗杆夹为表彰泮塘五约举人黄其表的功名，光耀门楣；祠的外围四周种满龙眼树，每年收获颇丰。九十年代被拆除。

旧时黄氏宗祠（拍摄于1950年代）（图片来源：泮塘第三生产大队）

黄氏大宗祠原址现状（拍摄于2024年）

社稷庙现状（社稷庙旧址在现社稷广场的东侧）（拍摄
于2021年）

（2）社稷庙：五约以农耕为主，社稷乃农业之神，特设社稷庙，祈求辛苦劳作后能丰收顺遂。

（3）洪圣宫：供奉洪圣，海神之一。

（4）乡约：泮塘每个约都有一个自己的乡约，作管理议事、村内公共活动用途。五约的乡约原为开村三姓（赵、岑、曾）之中的赵氏宗祠。有

古时乡约、大革命时农民协会会址、
广州起义时农军的队部旧址现状（拍摄于
2023年）

黄氏汪度堂旧址现状（拍摄于2023年）

村民回忆称："乡约这个地方，后来在大革命时期，做过成为农民协会会址；在广州起义时期还做过农军的队部。"（李姓村民A）

（5）汪度堂：泮塘黄氏的宗厅，又名黄厅，正面三开间，两进深。中华人民共和国成立初期曾作公安派出所，又作过塑料车间，2000年左右作过菜市场。

（6）"茶棚桥"：在仁威庙西南面，用花岗岩石砌成，石板桥面，中华人民共和国成立前和初期，仁威庙三月三庙会搭棚唱戏，桥面搭棚烧烟花，连接桥还有一段五六十米长，用石板砌成的路沿塘边直通五约外街。

（7）中华人民共和国成立后土改时的民兵部与农会：中华人民共和国成立后土改时的民兵部位于直街118号，现状为荔湾区西郊村泮塘第一经济合作社队址。除此之外，土改时还有农会，位于仁威庙停车场西南侧。

中华人民共和国成立后土改的民兵部旧址现状（拍摄于2023年）

土改的农会旧址现状（拍摄于2023年）

同时，泮塘还有部分公共建筑被改建或部分拆除，原使用性质也发生了转变，但现在仍然保留部分。

（1）金瑞堂：黄氏的宗厅，位于泮塘五约八巷50号，仅一进。李郁周老先生曾在此设卜卜斋（私塾），很多村民在此读书识字。相传，马万祺年少时曾在此读过书。

（2）光远堂：李氏祠堂，拆剩一进，被划入荔湾公园管理处作为电房，

金瑞堂现状照片（拍摄于2020年）

现空置。

（3）敦本堂：李氏祠堂，现作为居住用途。

（4）皞遐书舍：原为村中私塾，后变为住居，现空置。

李氏敦本堂与皞遐书舍现状（拍摄于2024年）

李氏敦本堂与皞遐书舍现状（拍摄于2024年）

（5）奕祥公厅：李氏光远堂下的一个厅，位于泮塘五约涌边街44号。

（6）兰室：曾经村中的卜卜斋，位于泮塘五约八巷4号。有村民回忆称："八巷四号这间房子，最早的时候，是一间兰室书屋，还有一块上面写着"兰室"的青碑石。这间书室是比村里李郁周先生更早的书室，是族人的书屋，也就是卜卜斋一类的私塾。"（李姓村民G）

（7）泮塘五约土地庙（风雨亭）

位于泮塘五约直街69号（现半溪五约亭后方），原为泮塘五约的土地祠，当地人称之为风雨亭。根据二十世纪四十年代出生的泮塘五约父老们回忆，泮塘五约风雨亭坐南朝北，其西侧原有一条南北向的河涌流过。现在半溪亭的石门额和石联，原本实际上是泮塘五约风雨亭的门额和门联，面向北方。而东面朝五约直街的方向，原本并无墙壁，旭日东升之时恰好迎接朝阳的金光。这种建筑形式，正是现在半溪亭对联"门接水源朝北极，路迎金气盛西方"的意义所在。二十世纪五十年代后期，这里被改作昌华街第十居委会，八十年代居委会撤出后数次改变用途，微改造后又遭空置，建筑物本身和周边环境都发生了很大变化，以至于这副对联的原意已经无法体现。当游客慕名而来，也完全无法感受到这副对联所蕴含的极其丰富的文化意义，致使历史文化街区的现实价值也大打折扣。

风雨亭及其周边区域作为传统乡村的公共空间，除建筑和景观本身的审美价值外，还是传统乡村生活记忆的实物载体，具有非常大的社会历史文化价值。土地祠里祭拜的土地公，是保一方四境平安、顺遂的神灵。和其他威严显赫的神灵不一样，人们对土地公抱有很大的亲近感。

"和大多数地方的土地祠一样，这里也没有庙祝专门管理，直至五十年代为止一直由村民自行打理和出资维修，是村民日常聚会、休憩和聊天的重要空间。村中儿童喜其风凉通爽，夏夜常常聚集在此席地而眠。为了确保一席之地，早早抱着草席来占地方"（李姓村民A），这是父老记忆中的儿时乐事之一，这也是当地村民习惯称之为风雨亭的原因。人们在这里交流信息、联络感情，传统乡村生活中守望相助、和乐融融的美好景象在这里得到了充分的体现，在泮塘五约的文化记忆、风俗习惯、传统价值观传承与保护中起到非常重要的作用。

作为民俗信仰空间，在过去每到二月二土地诞，都会有村民自发前来拜祭，非常热闹。若逢年景不顺，村民们就会商议，七月十四盂兰盆节一起在祠前的塘边"烧街衣"以求护佑，并将斋饭派发给乡亲。在广州，家长往往会告诫孩子不要捡食烧街衣的龙眼等供品，泮塘五约的家长则会鼓励家中小儿去捡撒在周围的花生、龙眼、铜板等，寓意孩子从小和小鬼打交道，可以养成健康的体魄和坚韧的精神，不惧怕恶灵侵扰。在医学不发达、科学思维尚未普及的年代，这种风俗习惯寄托了父母对孩子诚挚而朴实的期盼，同时也表现了泮塘五约人积极、勇敢面对未知困难的气魄。

风雨亭周边的小空场，则是泮塘五约乡亲聚集娱乐的重要场所之一。每逢中秋节，大家常常会集资请瞽师来演唱南音，有时候还会请来泮塘五约出生的粤曲星腔泰斗李少芳。乡亲们有的坐在亭边巨榕下，有的就坐在亭内，一边赏月，一边听曲。李少芳生前是粤港澳以及海外粤籍华人中最著名的粤曲演唱家之一，其故居离风雨亭只有咫尺之遥。虽然李少芳在成名后大多时间在外居住，但每当节庆都会尽量安排回乡表演助兴，是泮塘五约浓厚乡情的体现。三月三北帝诞在仁威庙前，中秋节在风雨亭前听李少芳演唱，仍然深深刻印在不少五约老人的记忆中。

现在半溪亭边的古榕是泮塘古村的风水树，已有300年以上树龄。按照本地习惯，种植榕树必须由老人亲自动手，因此这棵树当是五约当年长老所植。这里的榕树原有一对，夹泮塘五约直街而立，因体量大、树龄老，在周边地区极受珍视，甚至有周边地区居民为了孩子好养活，会到这里为孩子和古榕"上契"。现在古榕虽然仅余一棵，但它巨大的树冠浓荫蔽日，树干粗壮，气根虬结，其中部分气根盘结在风雨亭的墙体和屋顶，与周边景观融为一体，极具岭南风情。若风雨亭能够修复如旧，其古朴风貌，与古榕必然相得益彰，更能体现岭南古村的文化特征。

风雨亭的历史文化意义不止于此。泮塘作为东西走向的村落，一至五约自东向西分布，行至风雨亭，就到了泮塘村的最西沿。风雨亭前小桥原是木板铺成的浮桥，过桥后就是珠江方向出入泮塘的主要埠头，由滩涂围垦而成的水生蔬菜田一直铺展到珠江边。过去，这里一直是泮塘人在西面进出村子的主要通道之一。有村民回忆称："下田耕种和收工回家一般都会从这里经过。在水匪猖獗的年代，若有匪患，只要将风雨亭前浮桥的桥板抽走，便可将水匪阻隔在外，为安置老弱妇孺和安排抵御争取时间。可以说，风雨亭曾经是保护泮塘的桥头堡，和里面的土地公一起，见证了泮塘人利用自然环境保护一方平安的智慧。"（李姓村民A）

泮塘五约土地庙（风雨亭）（拍摄于2024年）

泮塘五约历史复原地图（图片来源：广州市荔湾区翻屋企营造社区促进中心）

第二篇

顺天应时　习武修文

第四章

泮塘历史文化
传统节庆

一、"三月三"北帝诞与庙会

北帝，又称为真武帝君或玄武大帝，是道教供奉的北方之神，北帝的诞日又叫做"真武会"。泮塘仁威庙是供奉北帝的道教庙宇，按旧俗，农历三月初三为北帝诞，村民在三月初一至初三期间会举办庙会、游神等庆祝活动，庙会期间人山人海，场面十分热闹。从三月初三的子夜起，信众便络绎不绝前往仁威庙参拜北帝，祈求降福。泮塘习成堂醒狮也会到仁威庙朝拜北帝像，祈求风调雨顺、国泰民安。据资深长辈忆述，泮塘北帝诞最兴旺的时候，人们会在仁威庙门前广场上举办摆花山、放爆竹、演戏酬神、醒狮表演等活动，并有八音锣鼓、民间武术、民间杂耍表演等节目助兴。商贩也在广场上摆设各种摊档，有吃的、玩的，还有人专门帮人"改"衣服，据说这天"改"的衣服，人穿上会更吉利，孩子穿了能健康长大。

二十世纪五十年代后泮塘北帝诞庙会活动的规模开始变小，但2000年起，荔湾区文物管理所利用北帝诞的旧俗，连续三年举办仁威庙广场民间民俗文化活动，把现代的文化活动（如展览、粤剧与曲艺表演表演、少年儿童舞蹈、书画挥毫、学术讲座、说书等）渗入旧形式的庙会活动中，庙会活动一年比一年热闹。2005年，原西郊乡泮塘等村和仁威庙联合举办"三月三泮塘仁威庙会"，荔湾泮塘、坑口、茶滘，白云区三元里村、王圣堂村，东山杨箕，南海盐步等地的20多支醒狮队也都前来祝贺并参加巡游活动，场面宏大。①

昔日，农历三月初三是庙诞，庙会活动丰富多彩，其中参神、进香、唱八音等是庙诞期间的主要活动。泮塘乡的重大事项都由耆老和有权力的人主持，由于仁威庙是村庙，乡里有权力的人都在仁威庙议事，所以庙里包含了

---

① 华南理工大学，《逢源大街-荔湾湖历史文化街区保护规划》，广州荔湾区国土资源规划和规划局，2018年

村的权利最高机构。有村民介绍道："庙会的钱来源来是仁威庙的，庙有钱，有田租收，地租收。若今年搞庙会，庙出多少钱，如出1万，需要搞成怎么样，按往年那样计数，这三天怎么做，但不能违反这个原则。庙会负责人通过可以"投标"竞选，比如这次庙会1万银，你说9千就能做成，那当然价低者得。亦可以那些男的"埋岸"（即结拜兄弟）或者几个合得来的人，按提出的标准去做好。如果做不好，失信于乡亲，得不到别人的尊重，但是如果钱少做得更好，别人就尊重你，这个就是体现你的外交能力。"（李姓村民A）

泮塘北帝诞的活动内容很丰富，武术在其中扮演着重要的角色，有舞龙舞狮、武术表演等特色节目。有村民回忆北帝诞时，泮塘村仁威庙钱会有唱戏的活动，口述如下。

最早有请唱曲和演戏，最常见的就是请粤曲星腔泰斗李少芳来唱。文革前也请到了很多出名的粤剧大老倌，如罗家宝、罗品超等等。这里曾有专门接待戏子的地方，是东少那一间，炒菜的那一位东少。就在三官庙那排屋的第二间，没过桥的。红线女、罗家宝、罗品超什么的都来过，我们想去看，不让我们看，说我们小孩子妨碍人家。文革后恢复的庙会，就没有请人唱戏了。（植姓村民T）

以前，一般会唱足三天的戏。早上有醒狮、武术，下午市集庙会，市集结束后退出场地，晚上进行听戏。当时没有舞龙。进来五约牌坊仔，很多小档口在卖东西。吃的有油炸粽、炒螺、炒蚬、"振振糕"、炸番薯等等。档口还卖日用的东西。我记得有禾杆草芯包扎成一把禾草扫，禾粒脱了之后有条杆在的，把这些芯扎起来，十条十条扎成一个扫。一种是厨房扫，一种是神台扫，用来扫香灰，大小不一，编织方式不一样。普通家庭都买这个东西。我母亲很厉害的，只要见过的，不用买了，自己可以做了。另外，早期好多人用棉布带编织拜神"蒲团"，那时他们用禾草去编织，这些工艺，每年都很多人买。（李姓村民A）

仁威庙"三月三"北帝诞活动盛况（拍摄于2019年）

仁威庙"三月三"北帝诞活动盛况（拍摄于2018年）

二、"五月五"泮塘锦龙盛会

　　泮塘地区水网密布的地理特征催生了一个重要的节庆习俗——划龙舟，并由此衍生出了泮塘与盐步两地龙舟结契的故事。

　　相传在明朝万历年间，京城有一个喜好龙舟的陶驸马，有一年端午节，陶驸马专门南下广东观看龙舟比赛，广州官府为此组织100多只龙舟在西郊珠江上举行龙舟比赛。经过轮番角逐，最后，已有100多岁的盐步龙舟与泮塘五约的凸眼龙遥遥领先，盐步龙舟略领先于泮塘五约凸眼龙。但就在盐步老龙即将夺标之际，紧随其后的泮塘五约龙舟上的一个小伙子忽然腾空鱼跃，飞身夺得锦旗。按规则，夺得锦旗方为胜方，于是泮塘五约凸眼龙船以冠军的名义领取了烧猪美酒等奖品。

　　但是当队员们高高兴兴地捧着奖品回村时，却被泮塘村里的父老们责怪他们动作有违规则。老人们认为盐步的老龙划得最快，应该他们得烧猪和奖品，于是让大家将烧猪等奖品送回盐步。可是，盐步人坚持说是泮塘五约凸眼龙夺了赛标，奖品应该是他们的，而盐步乡亲父老尊重赛果，执意不收，又将烧猪送回。如是者，双方把奖品送来送去持续了半个月，如此反复数回礼让，直至金猪变质。最后，泮塘有长辈提出说：大家都不要让了，这样吧，盐步龙舟年老，有白须，泮塘龙舟后生，盐步龙舟做契爷（干爹），泮塘龙舟做契仔（干儿子），结契认亲吧，于是双方亲乡均欣然答应。此后，盐步龙舟和泮塘五约龙舟结契，成就广府龙船的佳话。

据传说，慈禧太后得知赛龙结谊之事，便赐封盐步龙舟为"盐步老龙"称誉，并赐12支"雉鸡尾"、一面"百足旗"为标志；赐泮塘龙船九支"雉鸡尾"。从此，"盐步老龙"就成为长者，在龙舟竞赛中不参加任何赛事，只作游龙表演，让人们尽情欣赏"老龙"的英姿，而泮塘龙船每年到南海盐步探访契爷（干爹）也只进行表演助兴，不参与龙船竞速。除此之外，这里还有关于"五经魁"的故事，"五经试士"是明朝的一种科举制度。所谓"五经"就是《诗经》《尚书》《礼记》《周易》《春秋》。明代科举分五经取士，每经以第一名为经魁，故五经考试的榜首合称"五经魁"。当年陶姓附马观看了龙舟竞度决赛，后更得知了盐步老龙与泮塘五约龙船"结契"的感人故事，授意盐步老龙、泮塘五约凸眼龙、白沙红龙、雅窑东涌、石井古料大头龙，定为当时龙船"五经魁"，喻意此五条龙船为快船，龙船的龙牌均为白底黑字，一直沿用至今。

龙舟龙头挂红（拍摄于2019年）

盐步老龙、泮塘五约两艘龙舟结契后，不再参与龙舟竞技，仅作游龙表演，两地村民也由此世代交好，成就了一段以龙舟结缘的两地村民互敬互爱、和睦相处数百年的佳话。因此，每年端午，盐步、泮塘两地村民都会进行龙舟互访，现场非常热闹，盛况非凡。有村民回忆称："每年五月初五，为泮塘锦龙盛会，也叫泮塘景，是盐步老龙来探访泮塘；而五月初六，为盐步锦龙盛会，也叫盐步景，是泮塘凸眼龙探访盐步。"（李姓村民A）

五月五这天，泮塘父老乡亲代表会乘着小艇（或在河涌中趟水），来到盐步老龙前，用尊崇的神花和红绸，为盐步老龙簪花挂红。另外，泮塘五约每年都会向盐步老龙赠送一对香云纱质料的标旗，上书对联"昔日夺标同鼎甲，当年沧海占群龙"，而盐步老龙也会回赠泮塘五约一对标旗，题曰"永结交情知此日，幸同夺锦忆当年"，此外，双方还会互赠烧猪、米酒和两地特色农产（盐步秋茄、泮塘五秀）等礼物。①

盐步、泮塘龙船结契的故事，在两地民间耆老口口相传的情况下，产生了深远的影响，事实上连结了两村之间的情谊。泮塘村民在口述过程中，大多提及他们如何在斗龙舟的过程中与盐步村民联谊的情况。有参与过斗龙舟活动的老村民回忆道："盐步老龙来到珠江口时，把龙船上的百足旗高高竖起来，泮塘的老人家在仁威庙都能看到那支百足旗。大家会一起说'啊盐步老龙到啦，出到来白鹅潭啦'。……以前我们扒龙船与盐步结契的时候，就在大坦沙岛弄的，但那时候大坦沙岛是没那么大的。（日常我们扒龙舟遇上他们），他们会自觉泊往岸边的。很多人专门租只花艇来看龙船的。这些船还会跟着我们的龙船去南海盐步。我们的龙船是扒过去的，他们也一路跟着棹水过去。"（李姓村民A）还有村民回忆起跟盐步村民一起吃龙船饭的情景称："我们请几个地方，盐步、茶滘、坑口来到泮塘，请他们一起吃中午龙船饭，请了七八年，一直都是五约在请。后来荔湾湖收了地，没地方摆围桌了，就没办法继续了。"（李姓村民E）

泮塘村民和盐步村民之间会互赠礼品，据村民口述："一条龙船满员共九十五人，其中有72人桡手，23人站龙面（鼓架4人，锣架6人，舀水的6人，2人拿大旗，2人护神斗，1打锣，2人指挥）如今没那么多人划，一般

---

① 此故事据中共佛山市南海区宣传部《南海美食 南海特产 南海传说 南海美食篇》，广州：中山大学出版社，2013年。

泮塘五约龙舟景（拍摄于2019年）

坐不满，以前都是争抢去划。盐步送秋茄，一篮秋茄最贵投到八十多。因为量少，价高者得。泮塘以往送菱角，今年没有菱角，送马蹄粉。"（李姓村民X）

中华人民共和国成立后由西郊大队管理时期，泮塘龙舟到访盐步的习俗也没有被改变。有村民回忆称："基本上那时候都是生产队组织的，除非上级部门制止（不然都会组织举行活动）。所以那时候上级部门制止活动之后，生产队就不敢介入了。具体的年代就忘了[1]。……就是龙舟偷渡去的那一年没有挂牌了，具体的就忘了。上级不给我们去盐步，生产队不敢去，我们的村民就自己去了。龙舟其实没什么的，主要看你自己敢不敢去。……我们偷渡那一年，生产队也不搞了。上级部门压着，不给你去。那时候是生产队主办的嘛，我们起好了龙船准备去玩，但上面一个通告下来，不允许龙船出这条涌，只能在涌里面玩。但是我们的传统文化活动，是一定要去盐步的。所以生产队默不作声，不组织活动。然后村民说为什么不去，每个人拿着一个'桡'，带着帽子。不去吗？去！那就自己组织偷渡去了。生产队知道的，但制止不了的。村民不是他生产队的农民。我们泮塘工农户都有，农户只占三分之一。我不是农户的村民，我怕什么呢？"（李姓村民A）

龙舟出发前，首先会进行祭拜，祈求活动过程顺顺利利。有村民介绍祭拜情况称："划龙船仪式上都差不多，就是有些做少了请南无先生（旺船）这个环节。以前凡出船都要旺船，先是在仁威庙请神，然后去社稷之神笅杯祭拜，再去船那边旺船。现在是走会那条路，我们出船就要找南无先生念完符，然后找柚子叶沾水洒一路，现在就由我来代劳这个工作。凡在龙船上的都要用圣水洗下眼睛、洗下脸。在社稷之神祭拜时，在神斗上拿下一对笅杯出来求神，用笅杯的形式预测天气，两杯向下就是下雨，两杯向上就是晴天，一阴一阳也是代表好天气。若一直转不下就是有大的风雨。"（李姓村民C）

为盐步老龙簪花挂红是泮塘五约特有的龙船传统礼俗，是盐步老龙到访泮塘时受到的最高礼遇，具体是由泮塘的乡亲代表为盐步老龙簪挂寓意吉

---

[1] 后经查证相关新闻媒体报道，1988年石井镇发生龙舟看台倒塌事故，之后政府取消组织龙舟活动。因此这里口述所说的"龙舟偷渡"应该发生在1989年端午。

祥、尊崇的神花和红绸，同时还会赠送一对题曰"昔日夺标同鼎甲，当年沧海占群龙"的标旗，以及烧猪、米酒和泮塘五秀等礼物。泮塘五约乡民对簪花挂红仪式十分讲究，选出的亲民代表，必须是泮塘五约乡民公认的德高望重、妻室健在、儿孙同堂的高寿长者。有村民回忆如下。

> 簪花挂红礼俗很重要的，既要适应时代发展，又不能乱改乱套，按照传统，（龙船）契爷契仔就是盐步老龙只与泮塘五约龙船，因此只能由泮塘五约的资深父老为盐步老龙簪花。在2013年端午节时候，曾经有人建议改由泮塘五约以外的代表为老龙簪花（挂红），当即引起骂声一片，认为有违文化礼俗传统，而且那个建议也被盐步亲乡婉言拒绝了……（李姓村民E）
>
> 盐步和泮塘龙船互赠标旗也是很讲究的，按照旧时候来说，泮塘五约赠送盐步老龙"昔日夺标同鼎甲，当年沧海占群龙"，盐步老龙回赠泮塘五约"永结交情知此日，幸同夺锦忆当年"，这个传统一直被泮塘五约村民传承至今。还有另外一对"为让锦标成宜世，名登虎榜震三河"是盐步老龙与泮塘其他龙船互赠的标旗，但是目前已经失了这个传统，改由其他代替了……（李姓村民D）

直到今天，每逢端午节之时，盐步老龙都会带上全部"行当"，到广州荔湾泮塘探望龙船"契仔"，泮塘五约的乡亲父老都会按照传统的礼俗，为盐步老龙行簪花挂红的大礼，并赠送一对用黑色纱料制作的标旗，题曰："昔日夺标同鼎甲、当年沧海占群龙。"端午翌日，泮塘的龙船"契仔"和泮塘的其他龙船又会到盐步回访盐步老龙，盐步老龙同样回赠黑纱标旗，题曰："永结交情知此日，幸同夺锦忆当年。"泮塘五约的父老们都说，这是不能轻易改变的传统礼俗文化，代表泮塘五约的一种精神，必须不折不扣地世代传承下去。

南海盐步与广州泮塘龙船结契的典故是广府龙船的一段佳话，泮塘龙船的文化礼俗被传承至今已有400多年了。在此期间，泮塘又先后与花地河沿岸的茶滘、坑口等乡村结下了深厚的情谊。按照传统，盐步、泮塘、坑口、坑口等乡村的龙船在每年端午前后都会进行互访，各地村民也会举办一系列的端午联谊活动。

在历史时期，花地河道的水文环境并没有现代的治理水平，泮塘龙船在花地河上曾经遇到通行阻力，坑口、茶滘村民曾经多次仗义相助，为泮塘龙船文化礼俗的传承提供了有力的保障。由此，泮塘与坑口、茶滘各地村民之间的友谊永固一直到今天。有村民回忆如下。

这段历史也已经很长了，大概是两百多年前的一个端午节，泮塘龙船到盐步探亲，在途经花地河时与当地村民发生了一些矛盾，僵持不下，当时茶滘村民发现了情况就找到了坑口村乡亲，坑口村的亲乡非常仗义，马上派出多艘"龙标"来护龙和调解。最后，茶滘龙船在前方开路，坑口龙标在后方护送，保护泮塘龙船顺利通过花地河段，平安返回泮塘村……

现在坑口村里还传流着一句"在泮塘吃了七餐，人家仍说招呼不到"的佳话，大概意思是，在1947年的端午节，坑口村的龙船到到访泮塘，受到泮塘村民的热烈欢迎，泮塘村民同时在五约、四约、首二三约、泮溪、莲苑、嚼荷、仁威庙等七个地点设宴招待。还有就是有一年，在泮塘龙船到盐步探亲的返程中，遭遇了罕见的台风暴雨，为了安全起见就被迫停靠在坑口村。当时坑口村民非常热情，无偿为泮塘扒龙船的村民提供了食宿，一切都安排得十分周到，使泮塘村民安全的躲避了台风暴雨。（黄姓村民W）

历史上关于盐步老龙探访泮塘的相关报道

（资料来源：《国华报》，1947年07月03第2版）

三、泮塘昔日节庆

在泮塘村民的回忆中，节庆仪式或活动也是他们日常生活的重要组成部分。诸如乞巧节、万佛诞、北帝诞等，都是泮塘村内极其重要的节日。

乞巧节

乞巧节在农历七月初七，俗称"七姐诞"，是民间少女的一个重要节日。她们早在节前便开始准备：用小盆、小碗育禾秧，做种种奇妙精致的巧活儿。有的还相约组成"拜七姐会"，每人集资若干，各人利用闲散时间巧制展品。初六晚上，少女们单独或几个集中一起举办"乞巧会"：先在门前、庭中等当眼处摆设方桌，然后点燃禾苗盘子中的小油灯，再将胭脂水粉、时果香花、针黹女红逐一陈列出来，供人品评，有丁方不到1市寸、用绸缎作料、用各色丝线刺绣的小衣服、小手帕、小扇子、小鞋子，有用通草、色纸、芝麻、米粒砌成各种花鸟虫鱼、宫室仕女、日用器物，也有用铁箔、铜箔、厚纸甚至酸枝木制成的台椅，用谷秧、豆芽菜制作的盆景等。有钱人家还有古董、珍玩，展品往往多达数十方桌。哪家观赏的人多，哪家的姑娘就更体面。到了初更时分，少女们焚香燃烛，向天空礼叩7次，在月光下持彩线穿针，以一穿而过者为"得巧"。至于每年在农历七月前新婚的女性要在当夜行"辞仙礼"一次，加具牲礼、红蛋、酸姜、沙梨、雪梨等，象征"得子""离别"，以后不再参加拜七姐、乞巧的活动。初七日庆祝方式同上，但主祭者为童子，少女不参与，称为"拜牛郎"。拜毕，食品、玩具馈赠亲友。中华人民共和国成立初期，这些风俗在多宝路、逢源路、莲塘坊、泮塘一带的居民中仍有流传。[1]

---

[1] 广州市荔湾区地方志编纂委员会，《荔湾区志（1840~1990）》，广东人民出版社，1998年3月第1版。

我们对村内一些上了年纪的长者进行采访。在这些长者中，有人曾经亲自操持过祭拜"七姐"（拜仙）的活动。这些长者给我们介绍整个活动的细节，口述如下。

我们那时候拜仙没有这些公仔，我们拜仙是米、谷、瓜子等来砌，砌成很美的花。珠村这些是专程特意做的。跟珠村的不同，我们以前不砌公仔，很随便的，那时候没那么多时间，又要上班，就是夜晚下班之后有空，休息的时候才砌的。以前是砌成花的样子，先拿糯米粉做底，再把米、谷、瓜子这些弄好造型的东西插上去。以前不止拜七姐，还要几个姐妹一起义结金兰，姐妹们其实就是工友。但是这些义结金兰的姐妹，很久没见到了。那几个女仔，一些走了出国，有些去了香港。

做好了东西，在家里整齐地摆出来。大家周围看看哪一家做得最漂亮。刚好在七夕那天，在家里拜七姐，打开门，比一下哪一家做得漂亮。譬如说，我们几个姐妹一起做，做完就摆。五约直街大家都是自己做了自己家摆，各家各户自己摆，而不是学珠村那样在祠堂摆。另外，五约大家今年想摆就摆。不会规定年年一定要摆。

"喂，拜唔拜仙呀？"几个工友之间彼此互相问道。"拜呀拜呀"，然后就自己买材料回来弄。只要休息就弄，有空就要做。有时候一个月都砌不完。很多样要砌的嘛。而且弄好了还要防老鼠偷吃。有柜的话就放在柜里，或者拿个篮来盖着。一旦有一个做好，就要盖好防老鼠偷吃。

到了七夕那天，也很多事情。要买饼，又炒粉炒面的，又煲粥，自己家里弄好了，就几姊妹一起吃。吃完之后，大家一起周围走，到处去参观别人家做的，四约逛完就五约。

大家都会把家门打开，你经过他家门口，他就会有人在家门外面招呼——"入嚟坐下啦！（进来坐坐吧！）"。

那一天多开心啊，姊妹们每个人都特意做一副靓衣服（不是旗袍），自己买布请裁缝佬"车"（缝制）的。拜仙那天，姊妹们特意穿上靓衣服。穿完之后，以后日子也可以穿。

做完之后，就去照相，一群人约到一起去拍照。以前没有一起饮茶这样的，不像现在能出去饮茶开饭。所以比如今晚拜七姐，就在自己家里面买好菜煮饭吃，高高兴兴，就这样而已。不像黄埔那样，专门摆到祠堂给大家参观。

譬如今天，早上开门，打开门让其他人看，我就去其他人那里。家有人在的，早上看到中午一两点才结束，才去吃饭。

初七那天一开始的夜晚拜。点香，点蜡烛。晚上才拜的，不在早上拜。拜的时候，就随便说几句拜神的说活。那时候有鸡、有烧肉，在我这里摆就在我这里拜。几姊妹会夹钱（凑钱）弄的。摆个香炉就行，不需要神像，顺便也拜当天。不知道拜七姐有什么寓意了（笑），应该是保佑身体健康那些啦。

这群姊妹有些住在泮塘，有些不是。但就算不是住一块的，也可以一起拜七姐。那时候大家吃完晚饭，就过来家里一起拜了。拜七姐的费用，一般是大家凑钱，招呼客人的费用不用凑，就凑材料的钱，还有几个女仔一起吃的、用的费用。（刘姓村民Q）

有一些年老村民，虽然自己不操持拜七姐的活动，但也经常旁观别人祭拜七姐的场景。这些场景，给他们留下了深刻的印象。在口述采访中，他们给我们描述了具体的情况：

那时我只有六七岁，看我妈妈很会做的，用蒜头去衣，用线穿起来，做成像藕的工艺品，剪些蘿菜叶来做叶子；还米拼字，拼七仙女几个字；还有用花生染了不同颜色，做成塔的样子，形状像别人抢包山一样，一层层往上不同颜色；我妈妈还会用丝绸布绣花，做七双小鞋子，只有一指节那么大。七姐蜡公仔是买的，衣服是自己做的。姑妈、姑姐一人做一些，谁会做就谁做。准备这些差不多要一个月。（黄姓村民U）

附近的几个女生，聚在一起，成为一群姊妹，还拜了仙。现在有些说法，说像珠村、猎德这类在祠堂里做的仪式才是拜仙。但其实传统这种东西，各处村乡各有处例。泮塘这边每到七姐诞，都没有人在祠堂来摆七姐诞那些东西的，因为当时并不希望妇女经常在祠堂活动，祠堂只是希望妇女去拜祖先而已。泮塘五约一路顺着巷子行过去，家家户户，大家都是在自己家里摆，"你得闲来睇下我那些粗野啦"（你有空赏光来看看我粗浅的手艺吧），姊妹们则在摆的地方结拜。又或者"做女"的时候，也流行这种仪式。做了媳妇之后，也会在这里做，还把姊妹拉回来一起。一直以来，家里有女儿的大多会做这些。我们小时候走过五约，最漂亮的南边以前"咸煎"。五约不是在祠堂摆的。虽然那边说它才是正宗，但按常理推断，怎么可能比当时的西关兴旺？乞巧在整个西关都是有名的。哪有人在祠堂里拜仙。都是在各自家里拜的。大家经过巷子就屋里看看。一群附近年龄相仿的大姑娘，聚在一起结拜。做开了，就可以年年在那里搞。如果嫁出去了，在夫家那边如果有得做，也可以继续做。没的话，也可以回娘家，拉上姊妹一起搞。西关地区逢源多少巷，很多家人都会去摆。如果让人进去参观的话，他就把趟栊打开；如果不方便让人进来的话，可能时间不足，他就把趟栊关起来。大家看到，心里都会知道哪家可以去参观，哪家不要骚扰到人家了。摆开乞巧的东西，打开趟栊，你们随便走进去参观，都可以的，去看这些怎么做，哇这个又怎么做；但一旦关起了趟栊，你们就不要硬着进去了。现在说七夕、鹊桥相会是情人节，以前其实只当作是"女儿节"，大家乞巧节是拜七姐，女生们祈求心灵手巧，而不是牛郎织女相会。（李姓村民A）

乞巧节我们家里都有做节——以前有一套酸枝台凳子，七月七的时候，未结婚的女仔都会请过来帮手干活，做到好高兴，乡里也会走过来进屋里参观，参观哪家酸枝台仔摆得靓。手工制作、一般纸、蜡纸、布公仔、挂灯仔好多样，最关键就是有央盘圆圆的黄苗、谷苗央起来央到好高。公仔摆在八仙台。最简单，家里有酸枝八仙台，要摆两盘在凳子。各兄弟未结婚女仔就好热情，好和谐来参观。还有认识城里的同学过来参观。如果人多先坐两旁，拿花生、煮熟芋头、其他应节食品请大家吃。乞巧节这个是传统文化，不是家家户户都有，我家就有。我奶奶会做。现在还有看就是在黄埔，黄埔乞巧节基本上同泮塘，但黄埔公仔比我们丰富，但他们一定要有一只公鸡，我们这边五秀为主。有时用蜡纸做，精致点还会上油，如果不是精致的，就买四种颜色的纸，做五秀材料：普通纸、彩纸、蜡纸、砂纸，做莲藕、白藕，用水彩。乞巧节一直做到文化大革命就取消了，这个是"四旧"，不是拜神都当"四旧"。后来就没有再做过了，酸枝台凳都没有了。酸枝台凳是一套的，现在芳村还有卖。摆放的时候是平面摆。现在泮塘会这种手工的人基本都不在了，如果还有都是五六十岁女的。我表妹带女同学来，男的就走出门口，不好意思，在门口弄个灶煲一些茶水给他们，一般没有厨房，只有大户人家才有。（李姓村民F）

最老那些，七十多、八十岁那些才知道。我们家有做过，可以放两张八仙桌。要弄小的公仔。我家桥台边上，还有一小盒；不知道有没有烂掉。年年摆的东西都不一样的。女生们自己会去想今年要做什么。东西做出来全都"好细好滴骰"的（很小很精致的）。只有上一辈有，我这一辈就没看过了。（李姓村民E）

元宵节添丁上灯

在泮塘历史中，曾在祠堂添丁上灯来庆贺新生儿诞生。"丁"在《辞海》里的释义是：人口，男称丁女称口。上灯，一是代表光明的发扬；二是灯火蕴涵生生不息、薪火相传之意；三是灯成了人丁的象征物。上灯就明显带有上丁、添丁的意思。因而在传统宗族社会里，凡是男孩出生都要举行上灯仪式，也即上丁、添丁，祭祀祖先并报告祖先族中又添新丁了，祈求列祖列宗保佑孩子健康成长。上灯，有的地方也叫升灯、吊灯。

"上灯"活动一般在元宵前后举行，实际上是各姓各族为新添男孩而举行的庆祝活动。仪式必须是在本姓本族老祖屋祖祠堂里的祖公厅上举行。按本族上年度上灯仪式以来所生男孩数，在祖公厅梁上吊挂同等数量的花灯。有村民回忆称："祠堂开灯上灯，用纸糊的'莲藕灯''莲花灯'。这些灯不是自己做的，多数都是在外面买的。'藕灯'是纸扎的，外形像一条莲藕一样一节节的。不是像现在电视剧里看到的那种宫灯那样的。"（李姓村民D）花灯就成为人们庆贺繁衍生子，薪火相传，感恩生命的民俗载体。男孩举行过上灯仪式后，才能成为宗族社会里的正式成员。另一村民回忆称："以前还有一些'满月''开灯'（本村生男丁会有'开灯'习俗）会办。开灯在春节期间，去祠堂挂灯。有没有钱，亲戚朋友都买点衣服，给包砂糖，在祠堂或者去家里送小孩。（李姓村民F）

但由于中华人民共和国成立后，泮塘村的黄氏大宗祠、李氏光远堂、李氏敦本堂等祠堂在历史的变迁中被改变了使用功能，原本的添丁上灯仪式也因此停办。

北帝香灯祀典

根据仁威庙正殿东侧的《北帝香灯祭业碑》，其中有提及：

> 北帝神庙创建有年，乡之人讲信义而敦诗礼，成醇庞之俗，神之佑之非一日。已有□等各家税地，□□□各地主发□诚心，□□为祖业，以其租之所入供庙之诸费，甚盛典也。郎中诸好义者，□□以□各需，因而□□土明决公断已其故，于□之有赫也，间党之有庆也。诸耆老秉信仗义，劝助之力实多也。嗣是而国课有供矣，庙中香灯祀典有赖矣。老成诣予请一□，以其事以□永久□，谓□神之格，思唯诚足辅人心；唯诚于事，神则□其志气。以将事而无虞无诈，神之佑之□是也。念祭业捐地捐资，皆出一念之诚，然无不藉神力之普照。泛兹以往，乡之父老子弟，务期各矢厥诚，始终致敬，毋怀二心，毋图私，将此□注□务供轮外□□以□□中之节，省香灯祀典，以及修葺祠宇，悉于是乎资之，而无敢有越志侵渔者，是之谓端人，是之谓厚俗，斯神之佑之雨，永保尔人减昌炽之灾焉。诸父老子弟其恪守此志，以勿□予，因书此以勒之石，并将事者之姓名于左……

从这块碑记可以看出，清康熙十七年（1678年）泮塘四约、五约的村民向仁威庙捐赠"税地"，用以维持仁威庙的"香灯祀典"。因此，为举办"香灯祀典"仁威庙必会举行相关仪式活动，只是这一习俗随着土地制度的变化而随之消失。

三官古庙中的节庆

我国传统的宗教道教，为东汉张道陵所创立，供奉的是元始天尊和太上老君。之后，道教创造了一气化三清的说法，认为三清皆元始所化，道教三清是道教至尊，即玉清元始天尊、上清灵宝天尊和太清道德天尊（即太上老君）。俗传"三官"有许多出自道教的传说，其中为信徒所信服的，是出自一个民间传说，说的是有美男子陈子椿，偶遇龙王爷，他把一条似蛇非蛇，似龙非龙的生物放回水中。龙王爷把他被救之事告诉了三个女儿，三个女儿谒见救父恩人陈子梼，后来见其貌美、诚实，都愿意嫁给他为妻。婚后各生一子"俱是神通广大，法力无边"。这就是后来元始天尊敕封的"三元大帝"：农历正月十五日生的上元一品九气天官，封为紫微大帝，司赐福；农历七月十五日生的中元二品七气的地官，封为青虚大帝，司赦罪；农历十月十五日生的下元三品五气的水官，封为洞阴大帝，司解厄。

泮塘原是水乡，已设司水的北帝于仁威庙，但临近河水畔又立了一座三官古庙。此庙大概始建于清初，庙内原只供奉"三元大帝"，取消灾立纳、近水平安之意。后来，为迎合乡民的崇拜意识，又供奉了其他神祇在内。庙宇建筑为规模中型的岭南典型的神舍。但此建筑于二十世纪七十年代已拆庙改建为楼，成为石井人民公社西郊大队泮塘第三生产队的队址。

根据知情村民回忆，跟仁威庙一样，三官庙也有自己特殊的节日——万佛诞，其称："还有一个'万佛诞'，今天四月初八，就是万佛诞。我小朋友时，见过在土地庙前面（如今五约亭子朝北，但实际上土地庙的房子是东西向的），每逢万佛诞，住在附近的人，每人一份多少钱，在这里整一个'包山'，请他的爷爷'先生开'来这里，一路铃一路串着走，这就叫'万佛诞拜神'。之后哪家哪户谁有凑钱的，就把那些包——香港的那些叫做抢包山，我们这里则是把包山分回给每家每户。"（李姓村民A）所以，每当三官庙神祇诞日，在庙之周围，荔湾湖东北向之畔，人群拥挤，人之往来如蚁，热闹非常，成为泮塘五约风俗景观之一。[1]

荷花诞

农历六月二十四日，相传是荷花诞。我国以花为主的习俗节目繁多，尤以岭南为最。岭南地处亚热带，气候湿润而温和，四季如春，繁花似锦。因此，比之其他地方，岭南人与花的关系更加密切。据说，粤地的花市，最初是为了敬重四季花神而设的。

大概莲藕与人的关系，既远古而又密切，所以，对其花的唱咏，历朝均有，而赋于它的雅号也特别多，诸如菡萏、芙蓉、芙蕖、泽芝、玉环、水华、水芝、水芸、荷华、水目等等。其实，这些名称有些是对莲藕整体而言

① 荔湾区政协文史委，《荔湾文史》（第五辑），广州：广东人民出版社，1996年。

的，粤人说"荷"的概念就是这样的。《本草纲目》云，其叶名荷，其华菡萏，另名芙蓉、莲花。又说，其花未发为菡萏，已发为芙蓉。节生二茎，一为叶，一为花，不偶不生，故根曰藕。

广州泮塘之莲藕，被称为五秀之一，昔日泮塘，荷田处处，每于夏日，满田绿叶红花，花香四溢，其姿容秀美。每当荷花诞之日，乡人定在莲藕田头炷香，并虔诚地望着荷花，祈祷曰"荷田叶绿""多子多福"。祈语中的子，指莲子，"福"取"幅"的谐音，幅是指荷叶，叶多藕长。这是希望年岁丰产，有个好收成。

相传荷花诞与观音菩萨有关，观音菩萨经常云游四海，普渡众生。一日，正是农历六月二十四日，观音菩萨云游归来，却无座可坐，此座原已想了一些日子，但却想不出一件心中爱物为座，今日回来却忽然想到以花为座，而且，要造就一种特别的花，于是，她神弛构思，随后，她口吐一颗世上与天堂都没有的莲子，弹指扬空，顿化为一朵香溢，金碧辉煌的莲花为座。菩萨之物，莲花倍于高雅而灵性，所以，荷花亦俗称"圣洁花"，广州俗语有云"口吐莲花"源出于此，这也是荷花诞的来历。[①]

其他节日

除了乞巧节、北帝诞等重要节庆外，泮塘村历史上还有很多重要节庆。只是如今已随社会变迁消失无踪了。这些已经消失的节庆包括如下。

土地诞：农历二月初二。土地庙原位于半溪五约亭后方，每到二月初二，有很多人拜土地，有时会有几户人家一起举行土地诞仪式。

文昌诞：农历二月初三。此神执掌功名科第，又号梓童帝君，唐封顺济王，宋封英显王，元封文昌帝居。学童开笔去文塔拜文昌。

洪圣诞：农历二月初四。南朝梁时，西域达奚司空来华植波罗树（佛名优钵昙）东西二侏，隋开皇十四年诏立南海神庙，唐韩愈作南海神庙碑，苏东坡到庙题诗于浴日亭上，神名南海广利洪圣大王，诞日游波罗庙在扶胥镇，景名波罗浴日。

---

① 荔湾区政协文史委，《荔湾文史》（第五辑），广州：广东人民出版社，1996年。

天后诞：农历三月二十三。亦称海神诞。天妃，宋莆田人，幼而神异，其兄商于海上，遇暴风，女瞑目出神救之，年二十逝世。后屡显圣于海上，宋封灵惠夫人，元封元妃，明封护国孚济圣妃，清康熙封天后。

吕祖诞：农历四月十四。唐京兆人，名岩，咸通及第，值黄巢乱，隐终南山，遇正阳真人授予天仙剑法，号纯阳子。是日晴，有主岁丰收之说。

龙母诞：农历五月初八。名温媪，悦城人，孀居织布为业，于野外见草中有蛇卵，收置筐中，不数日，蛇出，送于江次，人称为龙母。

鲁班诞：农历六月十三。名公输子，作木鸢飞天三日，春秋鲁国人，或云鲁昭公之子，后人泥水做木建筑行业，奉之为师，又称师傅诞。是日泥水三行，在门前派送饭菜给小儿食，谓食后聪明云。

关帝诞：农历六月二十四。关羽被杀后，谥封壮缪侯，宋封协天护国忠义大帝，清封忠义帝君，1914年同祀岳飞于武庙。忌辰为五月十三。

郑仙诞：农历七月二十四。秦人，又号安期生，卖药海上号抱扑子，秦始皇与谈三日夜，赐金璧皆不受。留书云：千年后求我于蓬莱山，后始皇遣徐福入海求之不遇。一传谓安期生登白云山食九节菖蒲升仙。

康公诞：农历七月初二。父名康衢，母金氏，生于黄河畔，为人慈惠，不履生气，不杀生，时有鹳雏为隼获，折翼下坠，护救之，后鹳含长生草以报，被封为仁圣元帅，掌四方郡社，左执金斧，右执瓜锤。又叫主帅诞，拜主帅不食鸭，鹳为鸭类。

地藏诞：农历七月三十。地藏在释迦得道后，降生于新罗国，俗姓金名乔觉，唐代时，祝发携白犬来中国至九华山住七十五年，唐玄宗开元十六年（728年）七月三十夜成道，现身于人天地狱之中，其像元顶，手持宝珠锡杖云即阎王化身，诞日供香烛于地名出明灯。

孔子诞：农历八月二十七。孔子诞，多由学子文化人祀之，叫祀孔。

紫薇诞：农历十月二十七。星名天帝座，又称北极紫薇大帝，管十五星宿。

相公诞：相公庙供奉相公菩萨，泮塘三约有一相公庙，故而会举办相公诞。

观音诞：农历二月十九生，九月十九出家，六月十九得道。正月二十六叫观音开库，祀送子观音。本名观世音，避李世民讳，故称观音。法华经曰，苦恼众生一心称名，闻其声音皆得解脱，唐代洛阳龙门佛弟子造尊像一叫世尊像，广州有官瑶生菜会又叫观音开库。西关观音庙颇多。四约有一观音庙，故而观音诞会在此举办。

车公诞：农历正月初三。宋代将军，江西人，平南有功，西关等地因年初三为赤口日，互不拜年，改拜车公。[①]

---

① 荔湾区政协文史委，西关神诞考，《荔湾文史》（第五辑），广州：广东人民出版社，1996

第五章

泮塘五约的武术与醒狮

一、习成堂颜馆

从清朝咸丰年间起，泮塘一带的乡中士绅、村民聘请教头办起团练，村中习武之风盛行。蔡李佛拳名师颜耀庭受村民所托，在习成堂教授蔡李佛拳术，影响力比较大，蔡李佛拳便逐渐成为这里的主要拳种。

颜耀庭（右边）

（图片来源：泮塘五约村民）

清中叶前，洪、刘、蔡、李、莫五大名拳影响最大。到了清中后期，蔡李佛拳异军突起，在广东各地开枝散叶。颜耀庭正是蔡李佛拳的重要传承者之一。颜耀庭是南海县人，精于医道，前清贡生。早年曾在广府义学执教，1912年出任肇庆，罗定等县安抚使署军医处长。1920年任粤军西路总司令部军医处长。1927年起任广州工人医院医师至终。颜耀庭在行医的同时，也教授蔡李佛拳术，曾出任香港孔圣会技击部教练，在广州泮塘习成堂传授拳术，并以《习成堂颜馆训》约束习武人士的行为，对传播蔡李佛拳有着特殊的贡献。

"习成堂颜馆"颜耀庭祖师训论："赏闻古之君子，修真而养性，故成功多；今之小人，夸勇以沽名，则成功少。盖技艺者，原为强身健体，资益卫生而设，但得成功，岂宜妄动。诸君若到本馆学习，务于仁义忠孝四字上，认真讲求，方能传之，即所谓至诚君子。防身之要法也，万不可逞势夸强，忝辱师傅之道，尤不可藉端生事致罹意外之灾。履霜坚冰，各宜自爱。若不听我言，请即退学，盖自谅之。虽然文经武纬，原以礼仪为先，何者为英雄豪杰，何者为匹夫小人，皆在乎人之自取而。大学云，知止而后有定，定而后能静，静而后能安，安而后能虑，虑而后能得。此古圣存诚之道，即吾人修练之方也，学着勉之。"2002年，世界各地的颜馆还举行了同门溯源寻根活动，一致认为泮塘习成堂是颜馆的一个发源地。

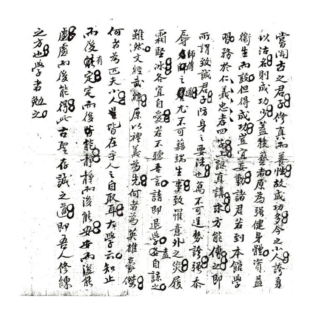

习成堂古训（图片来源：泮塘五约村民）

据说颜耀庭在泮塘有5个徒弟，被称为"泮塘五小李"，分别是李信益、李志管、李孙宝、李远滔、李远牛。据村民回忆称："原来颜耀庭在泮塘教了5个很出名的弟子出来，这5个弟子在泮塘又教了很多人。"（李姓村民V）这些人在泮塘都有一定的威望和影响力，另一村民称："以前很多有财有势打劫的人，但只要一说出滔公的名字，大家就马上不敢来犯事。"（李姓村民R）

115

二、泮塘醒狮

舞醒狮是岭南地区民间的传统活动，荔湾西关地区有多个狮队，每当有吉庆或商铺开张等，都会有醒狮活动助兴，其中尤以泮塘地区为盛。泮塘比较大型的舞狮活动每年有3次，分别在春节、泮塘北帝诞和端午节。

农历大年初一，泮塘的狮队在泮塘村一带表演舞狮，当看到有居民在自家门口高处挂青（一般挂一封红包和一扎生菜，用以寓意吉利、生财），就会到该家门口表演采青，舞狮队会表演其舞狮技巧，采用高难度动作摘取利是，以博得围观乡民的喝彩和主人的满意，场面十分热闹。乡民们通过舞狮采青活动庆祝新年，讨个吉祥。

过年期间的醒狮采青拜大年（拍摄于2022年）

农历三月初三（北帝诞），泮塘醒狮队一早就集中去到仁威庙朝拜北帝像，然后恭敬地倒退出仁威庙大门，并一路锣鼓喧天，醒狮狂舞，绕着泮塘一带进行游行庆祝活动。当泮塘附近十八乡村民来祝贺北帝诞时，舞狮表演也是迎接宾客的重要仪式。

$\dfrac{1}{2}$

1　2　三月三北帝诞的醒狮活动（拍摄于2023年）

三月三北帝诞的醒狮活动（拍摄于2023年）

五月初五的端午节，泮塘一带举行大型龙舟巡游活动。在巡游前的仪式中，都有舞狮助兴表演，增加热闹氛围，同时以舞狮的形式迎接远道而来的龙舟队伍和宾客。

五月五泮塘景的醒狮活动（拍摄于2023年）

曾参与舞狮的村民介绍相关情况称：

　　这个是舞狮的时候，别人想你在他这里舞，就挂了青。这个蟹青里头的一个盘代表蟹身，这两个是蟹钳。这个舞狮的人，需要通过自己的技术，上来之后踏着蟹，拔了两个蟹钳——蟹钳是最凶的嘛——然后再一只一只脚那样吃。吃完之后，一跳一踢，掀开蟹盖，蟹盖里面有一封利是，这些看舞狮的人，聪明一点的话，会不停地加一点钱下去，让他不断跳来跳去。生菜是平常的生菜，生菜寓意生财嘛。吃蟹青的时候，其他脚不能弄乱，等醒狮吃完之后呢，他会将那些筷子拼成一个"大吉大利"四个字，放在狮子里面。歇一会后，一个翻滚滚出来，漏出地下的几个字。舞狮是我们村里的人，基本上有狮队的话，都会有这些现象的。狮队就在这里。赚到的钱，就用于狮队的开支呀。所以采青采得越多的，赚的越多，狮队也就维持得越好。例如什么用具呀很多东西之类的，都要开销维护的。现在还有部分人在学习武术，文化大革命多人学些，现随着社会不断的发展，舞狮、武术学习的人少了。（李姓村民A）

日常进行舞狮训练时，需要有狮板。有村民介绍称："以前是玩狮板。我知道的有三层。12个在第一层，上面8个或者6个，第三层就4个，逐层递减，狮板大概是一块大圆桌这样。第三层上面就骑角马拿起个狮头。所以舞狮基本上都是武馆的人。"（李姓村民C）

醒狮起舞必有鼓助威，有村民提及："醒狮鼓每一下均带有节奏，狮鼓指挥狮，舞狮前后两人需配合，狮和鼓要互相一致。（比如粤剧一样，三合为一……）所以醒狮也要鼓、锣、狮三合为一，舞狮前后两人一定要配合，不然容易受伤。（此处用粤曲、粤剧作比喻）泮塘的狮鼓都一样，但狮鼓和龙船鼓不一样，狮鼓每一把都需要打鼓边，龙船鼓就无需每一把都打鼓边。……打鼓是李必威、大头揽、茨菇仔三个打鼓最厉害。茨菇仔的花鼓，最后那点收尾，那支鼓锤抛到二楼那么高（再接回来打），整个广州市如今都没有人能学得来。"（李姓村民X）

"醒狮与龙舟都要打鼓，但是也有所不同，外形龙船鼓比狮鼓大，声音上龙船鼓沉厚宏高，鼓点似马踏蹄的节奏，配合划水节奏。狮鼓音高响亮，狮鼓配合步法和体态，鼓点有三点鼓五点鼓七点鼓和三点连打的组合变化"（李氏村民P）。

醒狮鼓（拍摄于2018年）

第六章

泮塘传统诗歌文学题四句

　　题四句是清末民初产生流行于西关泮塘的一种民间娱乐形式，以咏诵的方式即兴作出整齐、连缀、谐音、诙谐的歌词来，是具有浓郁色彩的地方性民间通俗说唱文学。依泮塘耆老的回忆，民国时期三十年代是题四句最流行和兴盛的时代，以此推之，题四句文化的产生当会更早。又从现今题四句的印刷残本中有反映辛亥革命的内容，可知题四句的产生应最迟不会迟于清末民初。据说题四句的产生还有一段趣事：马蹄收获季节，泮塘人摘了马蹄，因马蹄长在湿泥中里，要洗干净才好拿到市镇里去卖。大家都在塘畔洗马蹄，大家一边洗一边闲聊，或许有个别精灵的青年模仿唱"咸水歌"一样，即景就事，因事带情，咏诵了四句歌谣，大家觉得好玩，于是你一首我一首的或对或和。以后每逢在水边洗马蹄，就少不了这些即兴的口头创作，且内容慢慢地丰富起来。到后来，题四句又从塘畔咏诵到了村里，诵入了村里人的生活中，包括了喜庆、节日及至方方面面。

散馔盒

辉金全盒好光辉，内里承装品物齐。
商人妙手精工砌，庆贺乘龙系娶妻。
朋情彼此如兄弟，今宵暂别转回归。
后会有期应本系，姜酌明年又至黎。

龙烛

一双龙烛照大厅，义师曾起广州城。
三月廿九炸弹掟，四民失措实心惊。
五点半钟才踏正，陆续听闻炮码声。
七十二雄人拼命，八路齐攻欲斗赢。
九程革党唔知啶，十足机谋计机精。
十边埋伏焚干净，九世之仇报未成。
八月武昌初反正，七佬谣言日日惊。

陆军赞成倡革命，五方响应极灵琼。
四万万人心尽醒，三番言论众人听。
二次为争权政柄，一路新闻卖得平。

拜井神

新郎打拱礼归齐，美酒连随去奠低。
答谢井神他个位，财似水源密密黎。
井乃公输传授砌，层层坚固似楼梯。
远透深渊凭水势，凡人得饮无灾危。
精神爽利兼开胃，果然和睦两夫妻。
料必其昌开五世，衍庆螽斯接续黎。
拜过灵神无闭翳，香衾同梦戒鸣鸡。
知意佳人休阻滞，鸳鸯交颈在罗帏。

反新娘语

雀巢昨夜养斑鸠，奴奴启口问因由。
芳草溪边滋润透，玉人恋战云雨收。
事后还牵娇玉手，阳关已泄尚交头。
荔枝衬住桑麻柚，桃源洞内水潺流。

烟筒

烟筒手执有一枝，烟霞阵阵凤来仪。
烟毒害人真累事，烟禁森严无改移。
烟公道友忘廉耻，烟患深迷实恶医。
烟灰再造熬老二，烟床训处缩埋啲。
烟斗缠脚凭钞纸，烟枪棠口用胶痴。
烟灯共对咨咨议，烟盒烟托两三枝。
烟刀斗布同一致，烟钩烟具靓家私。

烟盒唔兴慌误事，烟局妇巢边个知。
烟膏唔够猜烟屎，烟斗来围无定喱。
烟犯想了难指拟，烟油满面恶推迟。
烟瘾早除应奋志，烟丸来吞紧记依。
烟精实守唔中意，烟降听闻慢三思。
烟仙大会来相议，烟贵交关戒合时。①

---

① 阮桂城《荔湾泮塘题四句》，载荔湾区政协文史委，《荔湾文史（第七辑）》，广州：广东人民出版社，2007年。

第三篇

时和发主　安居乐业

第七章

泮塘的农业文化

一、泮塘五秀

　　泮塘地区种植的作物，以泮塘五秀为主。泮塘五秀是广州本土人所知道的五种水生蔬菜，古时中国广州泮塘　（今荔湾湖公园、泮塘路、南岸路、中山八路）一带种植的五种水生植物，分别是：莲藕、马蹄、菱角、茭笋、茨菇。"五秀"俗称"五瘦"，意思是这五种水生蔬食都是瘦物。据说，清代初期，有几个文人来泮塘看龙舟竞渡，曾问当地的村民，沼塘里种的是什么？村民说是"五瘦"。那几个文人便谈论，称作"五秀"岂不更雅致？"秀"与"瘦"在粤语中同音，从此，"五秀"的名称便叫开了。

　　早期对于"五秀"的来源，有这样一则传说：禅宗祖师达摩于南朝梁大通元年（527年）来到广州后，在登岸地"西来初地"（即今华林寺一带，是泮塘边缘地带）种了莲藕、马蹄、菱角、茭笋、茨菇，并以五缸米养着。后来，西禅寺的一位老僧将"五秀"移入寺内池塘种植，并成为殿前供佛的蔬果品，称为"五仙果"。其后，西禅寺的方丈无量禅师将"五秀"送给泮塘人种植，喜获丰收，人人都称赞味鲜物美[①]。

　　很长时间，大家都认为这是五秀的来源，但直至2021年，南汉二陵康陵的发掘，出土了五秀的原生植物样本。故此足以证明五秀早在南汉时期就已经有了，并非舶来之物。

菱角　　茨菇　　马蹄　　茭笋　　莲藕

泮塘五秀（图片来源：广州市泮塘食品有限公司宣传册）

---

① 荔湾区政协文史委，《荔湾文史（第四辑）》，广州：广东人民出版社，1992年。

泮塘的"五秀"之所以出色，是因为其特殊的优越地理条件。泮塘近西边一带地方，在很久以前原是海滩，又与人口最密集的西关地区毗连着；而西关一带的街巷污水都是流经泮塘里的大河涌而出海。所以基底肥充足，同时还有用不尽的粪溺有机肥源。在泮塘，可种植的水塘面积达85%以上。因此水生植物特多，而且生长特别好。"五秀"亦因此而得名。但是，自从引进了西洋菜和通菜以后，由于每年可收获多次，经济收益比起种"五秀"为多，于是西洋菜和通菜逐渐变为泮塘的主产农作物了。在城市化发展进程中，泮塘土地如今已成为城区，"泮塘五秀"已成了老广州的美好回忆。"泮塘五秀"丰富了广州农业文化内涵，见证了广州时代的变迁。

茭笋种植

马蹄种植

菱角种植

茨菇种植

莲藕种植

泮塘五秀的种植

（图片来源：广州市泮塘食品有限公司宣传册）

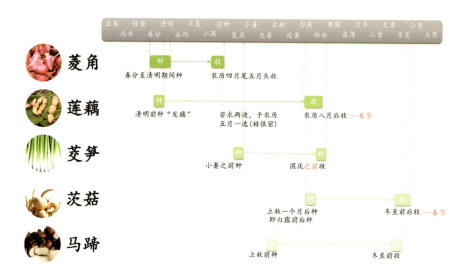

菱角

莲藕

茭笋

茨菇

马蹄

泮塘五秀种植时间图（图片来源：广州市荔湾区翻屋企营造社区促进中心）

莲藕

　　泮塘农家在过去以莲藕为主产，有较久的历史，岭南三大家之一屈大均在《广东新语》曾有这样的叙述："泮塘是刘王花坞故址，在城西六里，自浮丘以至西场，自龙津桥以至蚬涌，周围廿里，多是池塘，故其名曰半塘。土基肥腴，多膏物，种莲藕者，十家有九家……"又有诗云，"采花莫采叶，采叶恐伤藕……""莲白多生花，莲红多生子，采白莫采红，留红在叶底"。诗中对白莲和红莲的生态作了简要的辨证。同时说明长藕的是白莲，所开的花是可以摘取，但不能把叶过早地摘去，否则会妨阻藕的生长；红莲是长莲子的，如果摘去它的花，就长不出莲蓬结子了。

　　莲藕，各地有各地的佳种。所选的品种，主要是需要适应当地的土壤条件。就泮塘而言，以"海南洲"和"丝苗"为主要的种植品种，此外，也少量种植从花县（现花都区）引进的"京塘藕"。在过去泮塘原有几个有名的大莲藕塘，所种的藕特别肥大而且含淀粉多。泮塘塘藕采收时注重完整无损，需满足三瓜四节一尖。泮塘塘藕特点是煮熟后呈茶红色，而别的地方则呈蓝色；泮塘的干藕片贮藏后，一年内不会回潮变软，别的地方的藕片则容易发潮。

　　莲藕可称浑身是宝的水生植物，藕身和莲子既可食用，又可药用；除此之外，藕节、莲子心、莲蓬、莲梗、莲叶等也均可药用。另外，藕和莲子还可制中式糖果。藕制成的淀粉是泮塘特产之一的藕粉，与泮塘马蹄粉齐名，解放前远销国内外各地。藕粉越旧越好，陈年藕粉用开水冲服可治久痢，腹泻。据老一辈的人说，以前归德门（现一德路与解放路交汇的地方）附近曾有一家专营泮塘藕粉的小店，售价是根据藕粉所贮年份而定，如果是20年以上的旧粉（甜品），每碗售价高达白银5元。

广州市民对藕节和莲叶，有普遍的应用。每食莲藕多留回藕节，密封在盛盐陶器里，到用时抓一小把来烧粥或者煮水饮，据说可以坠火消炎。当小暑和大暑那一天，多爱用鲜莲叶、冬瓜和苡米烧汤或煮粥，以消暑气。茶楼酒家的夏令食品，有用鲜莲叶包裹的"荷叶饭"，还有用干莲叶来包粽子和烧烤肉食，饶有风味。

旧时泮塘藕塘风光（图片来源：荔湾区档案馆，著作权归属原作者所有）

曾经种植过莲藕的泮塘村民分享种植经验：

（五秀）要按节令来种。……清明后开始种，有的清明"落种"，有的三月三前"落种"，有点到四月八才"落种"。有的人是两造藕，有的人四月八收第一造，但两造的要下很大本钱才行，因为几千斤一亩，旨在拿嫩藕、青藕。要有很大的恒心、功夫和人力。以前的人，"搏价钱"，靠嫩藕出口去香港再出口来"搏价

钱"，赚多一些。就跟嫩紫姜一样。可以卖到很贵的。（黄姓村民I）

清明种植已经比较迟了。三月三"藕担伞"了（莲藕开始有叶子长出）。一般惊蛰到春分种植。若种植两造藕也行，就是早藕采收后再"发藕"种回，大暑前再种都行，大暑后再种就不行了，一定要大暑前，天气原因，晚一天都不行，就会长得不快。最后是近小暑。以前这边最早藕在人工湖饭店树边（即祠堂后边，水池的地方），那里年年都种植早藕。以前最好的莲藕在仁威庙前面。……早藕，现在也有收成了，未到划龙船都可以拿早藕了，现在的人工湖水池那边。正常是七月中旬收成，以前这里的农历七月中旬的藕很粉的。若种八月后收就是很晚了，八月收很晚了，但到过年拿也行。以前有种"担露藕"，就是发小点藕，原本一仗发一藕，这个就一丈半发一藕做藕种，然后就会同时养鱼苗。七月中旬拿藕，拿完藕要空塘、平塘，然后种植茨菇。（李姓村民H）

莲藕很少长花的。花多的话，那种是专门要长莲子的。在南方，长莲子的最主要是荷花。如果莲藕长很多花，塘主就会头痛。所以泮塘这边的莲藕，都很少花，甚至基本没有花。当然，也有人专门种荷花卖莲叶。有人做荷叶饭，那就需要莲叶了。卖莲叶和收藕，是有区别的。你要分开看，如果我们结藕的话，就不能够卖荷叶的。（李姓村民A）

收成时，莲藕有多长，就必须挖那么大的坑，人长那么高，但到了水里面就完全看不见了。那些泥比较软，就那"藕锹"，但是"藕锹"每一家样式都不一样，就像百家兵器一样。采收时要先摸莲藕的走向。以前弄莲藕有"藕榻"，我们家也有，就是没有珍惜，已经丢了。"藕榻"就是装莲藕的，"藕榻"一定就参照莲藕收成的大小去做的，"藕榻"不是家家都有，不会"摸藕"的就没有，不设置给他们的。"藕榻"是用靓的竹子做的，现在有就有价值了。跟"菜箩"是不一样的。藕一年一收成，收成的时候才用的，平时"藕榻"高高地用大钉子挂墙上。以前的人才真正动脑，不动脑，找不到吃的。（植姓村民T）

马蹄

泮塘马蹄（荸荠）的知名度仅次于莲藕，广州人因它的外形，称为"马蹄"。生于池沼或栽培在水田里。它的块茎呈扁圆形，表皮赤褐色。主要品种有两个，一是桂林马蹄；二是水马蹄。泮塘所种以水马蹄为主，种植马蹄十分讲究，立秋种下，120 天后可收成，产量高，含淀粉多，宜于研制马蹄粉。每当收获季节，除小部分供应市场作蔬食之外，一部分用作研粉，或在冬至后加工为糖马蹄，作为明春的年宵糖果。泮塘马蹄粉在国内外都享有很高的声誉，是颇受国外亲友欢迎的土特产。上世纪三四十年前，泮塘有几家专营马蹄粉的店号，如李权记、李卓记、合栈等，兼营零售和批发，或直接出口外销港澳、东南亚、美国和加拿大各地。

马蹄粉同时是茶楼酒家的主要用料之一，有的制作成各式各样的马蹄糕，有的则成为作菜肴的粘稠剂。建国前，泮塘的莲苑和泮溪两家茶楼的肠粉特别爽薄，就是用一定比例的马蹄粉加入米浆里而制成的。

今天仍然有泮塘村民从事马蹄粉的销售。有村民向我们介绍了马蹄粉生产的情况称："水马蹄（种植）的季节性是很强的，也难以贮存，它跟桂林马蹄不一样。我们现在在市场上看到的那些大个头的马蹄是桂林马蹄，那些是可以贮存的。虽然也会烂，但是烂了也可以卖贵一点。到了年底青黄不接的时候，可以卖到10多元一斤。但水马蹄是不行的，水马蹄的作用就是用来做马蹄粉。如果（水马蹄）放的时间长，它会逐渐走粉、逐渐变烂，所含的淀粉也会逐渐变少，那就完全没有利润了。所以我们只有在每年的冬至到春节这段时间，就要集中收购马蹄，做好马蹄粉了。现在水马蹄是在南沙那边种植。广州市周边很多地方，其实还是有种水马蹄的。他们只要种回这个品种就好了。比如新会、四会等周边地区，其实还是有种的。还有里水。现在这些收马蹄的地方不算远了。现在的交通运输条件好太多了。以前是用担挑担来，或用小艇棹来，在荔枝湾那里上岸。历史上泮塘这边的马蹄一向都是不够的，所以要从番禺那边收购过来，用小艇运回，在荔枝湾上岸。所以我们现在还是保持在南沙那边（收马蹄）以前泮塘的马蹄，与现在南沙的马蹄也没什么不同。其实泮塘的土质，与南沙那边的土质，应该是一样的，都是珠江冲积而成的滩涂地。"（黄姓村民U）

关于泮塘的水马蹄，有所谓"冬前粉"的说法。所谓"冬前粉"，又称"即年的冬前粉"，说的是马蹄粉以冬至前所晒的为最好，从事马蹄粉销售的村民为我们解释称："收'冬前粉'那是几十年前的说法了。为什么说'冬前粉'好呢？所谓'冬前粉'，就是冬至前后这段时间，有太阳，有北风，这段时间用来晒马蹄粉，容易晒干，这些粉够干，才耐放，可以放较长的时间。以前靠天吃饭，如果马蹄粉晒得不够干，就不能放很久。所以以前有一种说法，说'隔年的马蹄粉会走粉'。说的是马蹄粉因为不够干而发生变质。所以说'冬前粉'比较好，就是这个意思。但现在基本上，都是烘干的，已经不是靠太阳晒的了。现在有环境的问题，越晒越脏，而且要找晒场也比较麻烦，所以现在全部都是烘干的，也就基本不存在'冬前粉'好的问题了。"（附近商家）

有部分村民，虽然目前已经不从事跟马蹄相关的工作了，但幼年曾经参与西郊大队的马蹄加工。他们提及当时泮塘马蹄的种植、加工情况称："我们拿马蹄回来加工。以前泮塘全部都种马蹄的，新马路那里……总之五约这里都是塘来的，种菜呀之类的，新街那些都是塘的。我在四约住的时候屋边就是塘，种莲藕、马蹄、通菜等。十一月做马蹄，譬如农民起马蹄，我们就晒马蹄，几钱一百斤，全部都是公社的，回来洗干净用机器磨烂。有机器来洗马蹄，如果机器坏了，就抬马蹄去涌边，去周门那条涌，拿脚来踩。机器是连皮连肉一起绞烂。拿箩，盆来装水，漏水和粉到下面的盆。拿4个盆，盆很大的，4个叠在一起过滤。我不够力气，他们力气大的做'头过'，每月得68元，我力气小做'二过'就45元。要有力气把盆拿起来，整盆水是满的。然后要隔够4遍，粉才洗干净。等把水都过滤清了，把水倒掉。然后拿一些这么大只的那些箩，拿布蒙住那个箩，然后切粉进箩里，静待水都被甩干。都好了之后，就拿上晒棚，稳些锅来把粉摊开，靠天晒干。晒干之后就能卖了。"她还提及："果品公司是在泮塘'落少少'，在文塔附近。大家都去它那里拿（货）。我们自己放学回来，有空就要削了。果品公司不知道有多少人，他们派马蹄，我拿廿斤，他们就称廿斤。我忘记多少钱。我的女儿和阿光的细佬就负责削。做完功课就削。我有时不买马蹄粉，皮拿沙盆滤过之后，就有马蹄粉的。我知道怎样过滤，放工回来拿箔箕回来滤，那时候是5元一斤马蹄粉。那时候已经挺贵的。现在也要二十多三十元一斤。"（刘姓村民Q）

历史上"泮塘马蹄粉藕"种植收入情况的相关报道

（资料来源：《国华报》1933年4月20日第一版）

菱角

菱角为一年生草本植物，花白色，果实红紫色的多作蔬食，而黑壳者肉色稍黄，多作菱粉。一是红菱，又名五月菱，为早熟品种；二是大头菱，又名七月菱，为晚熟品种。红菱肉白，脆嫩可口，含淀粉比大头菱低，主要供蔬食用，大头菱外壳比红菱硬，肉色微黄稍实，多用于加工淀粉。泮塘所产主要是红菱。红菱甘甜可口，2、3月定植，从定植至初收仅130多天。菱花入诗自古不少，唐代古镜带有菱花形的花纹称作菱花镜，骆宾王《王昭君》诗云："古镜菱花暗，愁眉柳叶颦。"对菱角的种植管理和食用方式，村民有自己的见解：

1.菱角种植和收获必须选择合适的时间

正常是在春分前种植，或惊蛰至春分期间，也有少数在清明至谷雨期间种植，但这期间的收成时间会较晚，就没那么好。收四月八是早收（比较特殊），正常是划龙船时收成，五月尾收成也有，但就'拗颈'菱角种晚造的，菱角套种茨笋可以。（李姓村民H）

2.菱角种下后，不能放任不管

菱角要经常换水的，现在的种菱角，一个星期不换水就黑了，一不换水就坏了，下面断了霉了，菱角就小了，若现在水放出来河里，政府会不会说污染呢？其实水是没有污染的，就是黑色。菱角种九个月，秋分前要撒菱角种。就是菱长到老就丢的，下来田，在秋风前拿起来泡盆，一泡就起泡和变色，要换水，要20多天到一个月就发芽了，然后就央回田里。秋分到春分就半年了，春分到三个月才收成就差不多九个月了。（李姓村民H）

3.要用菱角做出美味佳肴，必须挑选好的菱角

成熟的菱角可以用来煮菱角粥。不少的村民都提及了煲菱角粥时，加入柴鱼花生、咸猪骨，滋味无穷。此外，还可以用菱角焖猪肉、烧肉、排骨、鸡、鹅等。要用菱角做出美味佳肴，必须挑选好的菱角，村民解释称："菱角拿着角就断了，证明就嫩。如果是放进水就看浮或者沉下去。一般可以拿起按下中间'卜'断了，就是嫩的。菱角有些人专门找嫩吃，又软有甜。一般5%都喜欢粉些。一般95%以上都是吃老的菱角，因为较粉。新出的菱角不好吃的。"（李姓村民H）

茭笋

城市人比较生疏的茭笋又名茭白，学名"菰"，多年生水生草本植物，开紫红色小花，其果实叫菰米，又名雕胡米，古代"六谷"之一。菰的嫩茎的基部经某种菌寄生后，膨大似笋，就是茭笋了，常作时令上菜。

泮塘五秀中，供单独入馔，而且可作时令上菜的，只有茭白一种。有软尾茭笋和大苗茭笋两个品种。茭白春季栽培，当年秋天即可采收，以后每年9月上旬至11月采收，称秋茭或8月茭。种植一次，可连续采收2至3年。它的用途与竹笋大致相同，例如有蚝油茭笋、虾子茭笋、豉油工茭笋、鱼肉酿茭笋、肉类炒茭笋丝或片等等。因此茶楼酒家尤其是地处泮塘的泮溪酒家，每当茭笋新上市时，便把它作为时令菜谱中的名菜。过去莲苑茶室曾在店门摆出醒目的广告牌写着"新鲜茭笋上市"，并在本市报纸刊登广告，借以招徕顾客。对茭笋的种植特点，村民介绍：

1.茭笋的种植与收成时间与菱角并不一致

种植时间一般在大、小暑期间。收成，近秋分时就作盆'挞泥'，茭笋开始'软缩'了，就开始长茭笋了，正常寒露收成。'软缩'就是茭笋开始软熟，停止或缓慢向上生长，一般比其他短的，就是长茭笋。茭笋头开起白藓泡，白藓腮，就头大长茭笋。"（李姓村民H）

2.茭笋的收成有特殊的方法

茭笋的收成不是摘的，是拗的。那时才十多岁，"拗茭笋"不够力，要把堆得像堡垒一样的泥挖开，然后抓着茭笋"拗"，我一般叫老爸或者哥哥帮手，我就辅助他们。所以用字很精确的，那时候是叫"拗茭笋""摘菱角""摸茨菇""摸马蹄"。（植姓村民T）

3.要吃到好的茭笋，必须精挑细选

现在那些人的茭笋那么青，其实就是他们偷工减料，不够泥。真正好的茭笋是要"白雪雪"（很白），去到苗的位置，都还是很白的——这些是做出口的，要挑选的，选些好的出口。（植姓村民T）茭笋也是要挑选嫩的，起象牙黄的、还有列，这里黄些的茭笋肯定是老的，白净就是嫩了。……茭笋白白滑滑就是嫩，有些茭笋很多都挑不出，就是起黑心的，黑心茭笋原因是起"蟛"，被"蟛"弄过的就会起黑心，还能吃的，还有专门找黑心茭笋的，吃黑心的是粉。（李姓村民H）

茨菇

茨菇（慈姑）在泮塘的历史据记载已有300多年，茨菇开白色小花，很雅致。因其白皮白肉个头大，并含有丰富蛋白质与碳水化合物等大受广州人欢迎，还取其某种形状意义，品种有"白肉""蓝肉""沙菇"等。泮塘所产以沙菇为主要品种，7月下种，翌年1月收获。泮塘所产的白肉茨菇，白皮白肉，体积比其他大，可与江浙的著名良种"苏州黄"相媲美，而且耐藏。茨菇采大多在春节前后。采收后不久恰逢元旦和春节，所以过去广州人常常把茨菇作为年宵传统菜，亦有以其制成中式糖果。

茨菇同莲藕、马蹄一样，可供制成中式糖果，作为年宵品。过去所制的茨菇只选其小如桂园（龙眼）的来制成，并以不损坏其蒂苗为上品。但近来很少有这种糖茨菇在市面销售了。

茨菇主供蔬食，含有丰富的淀粉，蛋白和碳水化合物，是水生植物中较优良的营养品，也是我国的特产。[①]村民这样回忆茨菇的种植和对于他们的

---

① 荔湾区政协文史写作小组，《泮塘五秀》，载荔湾区政协文史委《荔湾文史（第四辑）》，
广州：广东人民出版社，1996年。

意义：

1.茨菇的种植及收成也需在特定的时间内

种植，白露前种，白露后一个月都行，但是这个没那么高产，并且茨菇较小。霜降前可以种那些边种。……，种茨菇需要"上风"、莲藕需要"下风"，因为茨菇需要疏风的，莲藕需要挡风，收成，冬至前后收成。大雪后一个星期，以前这里这茨菇要出口的，出口到美国、加拿大、新加坡等等。（李姓村民H）

2.在茨菇的日常种植中，需要注意防范虫害

茨菇怕"蟓"，"蟓"是一种比蚊还小的小虫子，最喜欢一大群褛在（覆盖在）叶子上。……如果系生"蟓"、就要射虫。有一次射虫后，我睡了三天。农药吸入鼻度，翻来三杯玻璃白糖水都顶唔住。人地话做乜，我话感冒嗟，无事嘅。菱角都好难管理。茨菇就要剥几次壳，以前种茨菇要圈强的。（李姓村民H）

3.茨菇曾经泮塘村重要的出口产品

五秀中收成，我认为是茨菇最容易，茨菇种得不是很深，一摸就可以拿起。第一批茨菇是出口的，要分"三寸二"（不是真的尺寸，而是指那种类型）才选用来出口，出口的一定要留茨菇腔，留下那条"哔仔"如果没有了腔的，只能内销了。（植姓村民T）

4.茨菇可用来烹制美味佳肴

茨菇切片焖，或者用刀拍一下，最好是用个碗底压爆的话最原汁原味，然后拿来焖猪肉、烧肉，或者用南乳焖猪肉、茨菇饼（茨菇、芜荽、腊肉、黄沙蚬肉，生开蚬肉）。现在蚬都不容易找了，以前这条涌都有蚬，现在就去到黄沙，十四涌，他们的是大蚬。以前上江村很多蚬的，现在可能没了。（李姓村民H）

5.用茨菇烹制美味佳肴的前提是挑选好的茨菇

茨菇要白滑，因衣白些证明这些茨菇够肥料，若带锈太多，就不好吃。现在茨菇很大很大个那些都是空心的，就没那么好吃。这里的茨菇大

小七八厘米都有，正常的是五六厘米。和这里的马蹄菇一样就起锈，茨菇干特别粗，茨菇就裂开了。别人说大个，我也找过人种植，那些茨菇壳很脆的，一碰就断，这些就不好的，也没那么好吃。（李姓村民H）

6.在泮塘村民眼中，茨菇还带有非比寻常的寓意

拜神摆茨菇，茨菇（有）添丁的意头。五月初五用菱角摆神。藕仔摆船头，莲藕有生的有熟的，菱角和茨菇就是用生的。茨菇摆放有讲究，要四条柄向出（向门口）。（李姓村民H）

祭祀时通过摆放茨菇的行为，泮塘人述说着他们对多子多福的渴望。

二、泮塘种植的其他农作物

因为泮塘五秀这里变得又农又商。农活不一定常年都有的做，一年五秀，加上通菜、西洋菜，七种作物轮作。我们这里种植的水田呢，这七种水生植物就是养育我们乡民的。（李姓村民A）

从上述口述中可以看出，泮塘地区除了著名的泮塘五秀外，还有其他作物，如西洋菜和通菜。有村民回忆道："腊冬后种西洋菜，那时候叫'凄凉菜'。因为天冷，我们小时候最低温度2至3度，那时候很冷啊。没下雪。就是冻。寒天雪地，凌晨三四点落田摘菜，冻到心震。立春后种通菜，天热，西洋菜摘了之后不用种下去。中间长两边短。摘了之后将两边的菜哒翻出来，一排排搭开去。大约50天就可以摘菜了。40至50天西洋菜有一米长。西洋菜种在田里的。以前的菜是用人肥。以前是在公用厕所，一条坑的公用厕所，集中在化粪池里面用艇拉走洒田，有人专门做这个的。"（李姓村民X）蔬菜种植要注意保温，有村民介绍称："过年前的时候呢，天气冷，通菜就需要保温。保温用一些薄膜和竹子，用薄膜盖着，撒了种子下去，就可以保温了，通菜是在旱田下种子，利用禾秆草覆盖保温。等他长出来之后，才转过来水田种的。"（李姓村民A）

　　除了这七种主要作物外，泮塘村也种植水瓜，有村民回忆称："以前八巷外面，本来是条涌；盖涌以后，就都种满了水瓜棚。水瓜棚有高有低。水瓜清热，晒干亦可药用。现在的人素质可能低一些，走过会偷摘。但是以前我们八巷各家都种在门外路上，没有人偷摘的，如果别人想吃，都会跟主人家问一声，我们自己也没所谓很乐意跟大家分享，因为水瓜多得不得了，'你自己摘啦'。我们那时候种的高度，比这个架子稍高一些些，但如果现在要重新种，当然最好搭高一些。水瓜呢，需要多水一些，不过可以靠人工淋水——只要种了，我们在这住，都会主动去淋水，让它种得好，不用每次都全靠聘请环卫之类的来照顾。"（李姓村民L）

　　泮塘村有不少作物是在水田里种植的，但也有一些种在旱地上，有村民介绍道，"现在的荔湾中学后面的操场，深水沟那里，就是种旱地的，生菜，菜心，菠菜。全部都是种菜的。这里就是蔬菜为主"（李姓村民X），"生菜种在旱地，没有水的地方。我们这边也有旱地的，就是少一点而已。有时候觉得一块绿地有些地方空出来，平常就在那里倒垃圾，就形成了旱地。浇菜的桶叫做'射桶'，担着一担水，竹筒中有一个弧口，边走边射。我家好像还有一只，不过散架了"（李姓村民A）。

第八章

纯朴的泮塘水乡生活

一、日常生活与旧时娱乐

日常生活

　　泮塘自清末民初就是广州的"后花园"，与广州城市居民呈现"城乡"两种不同的生活形态，从下文1948年5月《礼拜六》（1923年创刊，1949年1月停刊）的一篇文章中，我们可以看到那时候的泮塘的日常生活。

　　　　泮塘是一个依附着城市生存而较为"进步"的村落，虽然现在已经划入广州市区的范围，但是当地的居民和风俗习惯，确实延续着中国农村的本色；生活依旧是这样简朴，乡土观念还是一般的浓厚，大部分村民的生计也是一样取吸于农作物上面。一个称为南中国的唯一大都会，而竟有这么的一个角落，若在广州特别市的立场来说，总算是一个"奇迹"吧。正是因为这个关系，所以好些广州市的好奇任务，当他们在豪贵的场合玩腻了，或是享乐的地方已更换到无法再更换的时候，便会闻风飘到这里来跑一趟，他们对于这里的市街风物以及村里人的生活会感受到无上的惊讶，常常好奇的在田野池塘边围驻足以观。……

　　　　泮塘的水面积不是很大，然而每一寸水土都给村民充分的利用着，五秀是泮塘的特产，由于这几种特产获得广州上流人的垂青，于是好些农民种植的目标都集中到这些农产品上面。……所以村人的生活是这样的廉洁单调，日出而作，日入而息，除了对于安居乐业的祈求外，就简直没有其他非分之想。他们只知道把精神灌输于工作上面，而把信仰寄托于神明之中，因为他们深信工作是"生"的条件，而神明是"生"的保佑。……

　　　　也许由于广州人的贪新、好奇心理，或者是泮塘五秀的号召关系，今年来这个城市的乡村已经逐渐引起广州市民的注意。一方面这里又接近西关富庶之区，且有着城市所鲜能发现的郊野风景，于是一些自认为比较风雅的人士倡起，渐渐地以至于一般的、高贵的、甚至是达官显贵及其家属，都要闻风飘游到这里来，而且还不惜降格光顾到城市里被列为最下级的地道茶室，以一尝"郊野食谱"的风味。可日子久了，一些投机的商人他们深知这种茶室不会适合这些顾客的胃口，于是乘时以雄厚的资本在这里收买地段，建造楼舍，本着城市酒家的经营方法，而依旧拿出"郊野食谱"的招牌，复以"郊野园林酒家"的新姿态出现。

廣州與泮塘　（通訊）

鄭奇桐

泮塘在廣州市西郊的邊沿，是一個依附着城市生存而較為簡單的村落。雖然現在已編入廣州市區的範圍，但是其他非份之想。他們祇知道把精神灌注於常年的民居和風俗習慣，卻依然保存着古中國農作物的本色；生為他們深信仰寄託於神明之中，因活依舊循蹈簡樸，大部份村民的生計也是一樣取吸於農作物的唯一面。

一個裝稱為南中國的一大都會，若在廣州特別市的立場角度，而覺有着邊遠的一角落，若在廣州特別市的立場，總算是一個「奇蹟」吧！

正是因為這個關係，所以好些廣州市的「好奇人物」，常他（她）們在蒙貴的場合中玩得膩了，或者是享樂的生活已遭膩味的時候，便會閒風飄到更換到無法再更換的時候，他們對於這裏的生活風貌，遠裏來臨，他們對於這裏的種種工作與勞動，常常好奇的在田野地頭的邊圍駐足以觀。

若在娛樂場中欣賞電影歌舞的心情，來加對於村人的種種工作與勞動，他們也曾用以天真的批判，其實值得驚訝的倒不是那些祇知享受，而不知苦辛的都市關人；這才是中國社會真正的「奇蹟」！

泮塘的面積雖然不很大，然而每一方寸的水土都被村民充分的利用着。蓮藕，莢菇，馬蹄，菱角，交筍是被人們稱為「五秀」的泮塘特產，由於這幾種特產之難得的村落差不多，沒有十分特異的地方。商廣州市上流人的雅尚，於是好些農民的種業則以馬蹄的經營最為大宗，蓮藕粉的經營最為大宗，蓮藕粉的種目標都便集中到這些產品上面，力的日漸加深，便成好局部的漸漸淪於破犧牲任何勞力上的代價的，祇要所用的勞病，在時局動亂，農村破產的今天看來，力以換取最低限度的温飽，那麼他們已更不足為怪了。——如果退一步說，也許病，在時局動亂，農村破產的今天看來，不單泮塘是這樣，差不多已經是全中國農村的通例的農村都是如此，這裏祇是一個小小的縮樣，這是倚賴着城市生存的村落的最大危例的農村而已。

《泮塘与广州》郑奇桐

（资料来源：《礼拜六》1948年5月22日）

玩水嬉戏

在上了年纪的泮塘村民记忆中，河涌是他们生活中一种不可或缺的元素，很多跟河涌密切相关的生活场景都印象深刻。在河涌里游泳嬉戏是很多泮塘村民儿时的共同记忆，有村民提及："以前小时候，跳进河涌玩水。"（黄姓村民N）通过相关的回忆，可以了解到当时村民们享受的水空间的分布，有村民回忆道："以前大埠头那条河涌一到入去尾，去到'黄厅'的池塘那里。大家都很喜欢去游泳。其中'初级池'是泮塘仔学游泳的地方，初级池在'屎坑基'，就在大埠头往里去一点的地方，如今那间旧屋还未拆的那里，黄俊耀的阿爷'大仙长'那里。'初级池'水位比较浅。而大埠头那边因为要过桥，水会比较深，则危险一些。大水的时候，大埠头那边水位浸过一个成人，有接近两米。"（李姓村民D）分布在五约内的河涌，是泮塘村民主要畅游的地方。但泮塘村民游泳的地方，绝不局限在村内，有村民就提及："大家小时候都是在涌里学会游泳的，没有人不懂游泳的。甚至偷渡去香港，也靠这个游泳功夫。我们女生，10多岁就能游出珠江，来回地游。"（李姓村民G）

除了为小孩子们提供嬉戏的场所，河涌也是泮塘村民赖以生活的重要资源。有村民回忆称："我们对出的涌，小时候我们就吃那些水，我阿妈那一代就吃涌水，当时没有自来水。这条涌，泥水早上八九点拉闸，新街有些渠很窄的，一拉闸，泥水就冲进渠里面，顺着渠落田了。水不是很脏的，因为当时候没污染。……这条涌原来很靓的，水很清的。早上9点多时，外边开闸，把脏水全部冲出大坦沙的污水处理厂，有一些则下了田。等到12点多，涨潮，新鲜珠江水进来。下午2点多水最满了，浸过木板桥。晚上7点多，水又退潮退下去。那时候的人拖地也有，洗菜也有。那时候的涌，洗菜可以，但洗地布、洗衫是不可以的，因为水要用来吃。以前也不让在里边游泳。以前这里的人有井，井水很清。直街58号前厅里也有口井。那时候吃的用井水，洗菜用涌水，洗衣服用井水洗，脏水不能倒入涌，只能倒在门外。"（李姓村民X）用河涌水时，还能看见水里的生物，有村民提及："洗西洋菜时，通菜时，上面很多'蒲桥'，是一种下面有根的绿色的浮游植物，尾指指甲那么大，像浮萍一样。人不能吃的，就用来喂鸭。最好的是'蚴蝛'，那时候涌里很多石缝，石缝里边很多蚴蝛。等水干时，我穿一对水鞋出去，下去涌里走，不怕涌底的玻璃或其他扎脚的，就去'撩'（掏）螃蜞。趁着朝早和傍晚潮水退，水位很低时，五约的涌水干到只到脚踝位置，可以直接'梗落去''撩'螃蜞。拿条线，找个鱼钩，勾着咸菜等钓螃蜞。线一放下水，螃蜞出来找吃的，一吃饵就猛一拉拉它上来，抓到丢进桶里，它就没法再爬上来了。以前的螃蜞有5至于6厘米大。不过人不吃螃蜞的，都是拿块砖头拍扁它，然后拿去喂鸭。"（李姓村民X）虽然有村民说"不吃螃蜞"，但也有村民回忆，"螃蜞"是泮塘乡人曾经享用的美食。

仁威庙周边的文化娱乐

泮塘仁威庙不仅是村中重要的信仰空间，同时也是旧时聚集周边居民文化娱乐的重要空间。

> 以前我们都在仁威庙里看公仔书；仁威庙两边以前有公仔书可以租来看。晚上在仁威庙坐，大家吃完晚饭，出去仁威庙歇凉坐，这时候在仁威庙门口，坐在石凳那，有父老在那聊天讲故事。没人组织的，那时候没什么娱乐的，大家都喜欢在那聚，那儿地方最宽敞。有时候也喜欢在庙里边的麻石上睡觉，很凉，又有大风灌进来，比现在风扇还好。（黄姓村民I）
>
> 那时仁威庙前有操场是租给别人做大戏，放电影，是收费的。一个星期一晚，周末租出去。我们小孩子就带个小凳子，偷偷从篱笆钻进去看。晚上仁威庙门口有炒粉、卖粥、有讲古仔、卖咸酸、卖云吞、卖牛杂、糖水，看完电影周围都有吃的。很多那些走鬼，挑着担子卖，糖水也是，红豆沙、绿豆沙都有。（李姓村民G）

船艇休闲

泮塘地区河涌密布，在生活、生产、娱乐上皆常常使用船艇。老广州主要有四类特色艇：小艇、四柱艇、紫洞艇、紫洞花艇，往往分布在不同水域，功能上也有很大差别。

据长者回忆，荔湾一带有三种很有特色的艇——游河的四柱艇、卖艇仔粥的小艇、可以大摆筵席的紫洞艇。

　　游河的四柱艇也叫游艇，船头尖尖的，船中部有四个柱子支起来的篷子，艇篷的设计，装饰都很讲究。篷的前后两端系着串串珠帘，两侧开窗；篷内中央是一张长方小桌，上铺绣花桌布，桌子三面都没有固定的靠背椅，摆放着绣花坐垫；篷内壁挂着画幅或镜子之类的装饰品；艇上另外备有热水瓶，煲水的小炉子和茶具。游艇最多只能容纳4—5人，游人坐在艇上，既可以欣赏窗外的风景，又可以品茶聊天，打麻将。过去撑游艇的一般都是女船家，她们大多穿着黑绸衫，水涨时，坐在船上划双桨；水落时，站着用长竹篙来撑。游河一般集中在春夏两季，大概两毛钱一小时，听说后来涨到三四毛。游艇在中华人民共和国成立后还有，一直到1956年公私合营后才消失。

　　游艇一般不入珠江游玩，如果游人提出要求，可以在这里上点风味小吃。在珠江口附近停泊着许多无篷或圆篷的小艇，广东话也叫"艇仔"，多是卖粥的，个别的有卖水果香烟之类；这里直到晚上都是灯火如昼，一艘艘游艇密密匝匝地围靠在粥艇两旁。粥艇末端，煮着一瓦煲的猪骨白粥，瓦煲大到有一个小孩个那么高，也称"人仔煲"，瓦煲前是满满的一排粥配料：鱼片、海蛰、鲜虾仁、鱿鱼、生菜丝、炸面（油条切成小段）、炸花生以及切得很细碎的香菜和葱花，艇家先将各色配料放在一个小而扁圆的瓷碗中，再浇上滚烫的白粥，一碗碗热腾腾的"艇仔粥"就做好了，仅两毛钱一碗。这种"艇仔粥"和市面食肆的粥品在用料、制法上都略有不同，味道非常好，一人吃上两三碗都是平常事。

　　如果有人想在珠江上大摆筵席，紫洞艇就是唯一的好去处。紫洞艇很像北方的画舫，船体上有十几米长，五六米宽的大舱，舱檐下吊着明亮的玻璃灯。紫洞艇很大，最大的可以摆下四围酒席，所以没有办法小河涌，只能停泊在珠江河面，要接驳摆渡的小艇才能登上去。食客们在艇上吃饭、喝酒、划拳，十分热闹。不过紫洞艇上的消费比岸上贵很多，普通老百姓是不会去那里的。[1]

---

① 广州图书馆，专题-广州民俗《凉风有信，秋月无边》[DB/OL].www.gzlib.gov.cn/gzms/47401.jhtml.

通草画中的船（图片来源：《王恒冯杰伉俪捐赠通草画》[1]）

　　而在水网密布的泮塘地区，船只也是出行和生活必不可少的工具。根据村民的讲述，有很多船只曾经活跃在泮塘的河涌上。曾经目睹过船只进入泮塘河涌的村民提及："很多都是'屎艇兜'，……'花艇'一般都不进五约这条涌。最早时期呢，这些船到龙津路，梁家祠都不止，可以进到荷溪，那边是有码头的，不过去不到陈家祠。"还有提到所谓的"虾艇"："有30多只'虾艇'。一只艇就两个人。"（李姓村民A）

　　这些出入泮塘河涌的船只，还可以提供饮食服务，有村民回忆称："后面那里呢，有一桶水，有一个炉，可以煮最简单的东西来吃的。这一种，在后面那里呢，有个炉，有油盐，可以自己煮饭吃。如果你煮好菜了，可以下好帘子，慢慢吃饭。……买一斤虾过来，船家的婆娘会在后面帮他们灼熟它。"船并不是免费坐的，村民又称："坐这个船要钱。我现在9点下船，要用到一点。那么大家讲价钱略。那时候不知道用什么钱的，所以具体价格我也不清楚。这些船最兴旺的时候，就是国内战争、小日本投降

① 广州荔湾区艺术档案馆、十三行博物馆编，《王恒冯杰伉俪捐赠通草画》，广东人民出版社，2015年。

的时候，北方下来的人，有钱人全部第一站下来广州的时候，最喜欢来这个地方享受，叹世界，所以非常贵，我们就不会坐啊。我们自己就有个木船，是运输船。"（李姓村民A）

昔日的荔湾涌码头（图片来源：荔湾区档案馆，著作权归属原作者所有）

二、昔日美食

酌荷仙馆、莲苑与泮溪酒家

二十世纪三十年代的泮塘村拥有人一片农田，一派秀丽的田园风光。当时，一名田产丰厚的泮塘人把自家一处大宅经营茶居（茶楼），这一间茶居虽然是大众化消费的场所，但是名字就相当雅气，名气也不小。由于茶居的二楼可以把泮塘村荷花映日、小桥流水的美景尽览无遗，因此改名为"酌荷仙馆"（泮塘仁威庙前街16号）。虽然"仙馆"二字略有抄袭潘氏"海山仙馆"之嫌，但是"酌荷"之名却是给人一种清新脱俗、茶香扑鼻的感觉，酌荷仙馆的出品更是深得西关民众的喜爱，并首创出了现制现卖的布拉肠粉等西关美食。其具体位置就在今天仁威祖庙的东侧[1]。

---

① 广州泮塘传统历史文化.西关美食出泮塘 泮塘"酌荷"首创炸两[EB/OL].(2019-4-18)[2019-4-18]. https://mp.weixin.qq.com/s/CDfaOevSuHeuRx6JWZ_xJQ.

当时除了"酌荷仙馆"，泮塘村中还有两处闻名的食肆，一是有人在仁威庙正门前面的荷花塘边上搭建竹棚经营茶室，环境秀丽，空气清新，名曰"莲苑"（龙津西石头路9号）。二是由李文伦、李声铿父子在龙津西路创办的"泮溪"；泮溪酒家得名于附近名为"泮溪"的小溪。开业之初，只是以竹木、松皮搭架于荷塘之上的大寮棚，因经营新鲜、地道的郊菜鲜虾肠、泮塘马蹄糕、八珍茭笋皇等独具地方特色的风味食品，加之充满乡野风情，田园气息，深得市民喜爱，声誉渐传，二十世纪五十年代初，泮溪酒家已颇负盛名。该址1956年公私合营，1958年转为国营，并于1959年进行大规模改建，由建筑设计专家莫伯治设计并主持，营建两年，成为驰誉中外的岭南园林酒家。建筑坐西南向东北，总面积为12500平方米，外墙青砖，黛青瓦，绿榕掩映，大门上墨绿色洒金牌匾有朱光市长书"泮溪酒家"四字。酒家内部布局回廊曲折，层次丰富，园林景致幽雅，大型假山，巨构精工，与曲桥流水相映成趣。

酌荷仙馆和莲苑在中华人民共和国成立后逐渐淡出经营，如今就只剩下泮溪酒家了。

中华人民共和国成立前酌荷、莲苑、泮溪的大致位置（图片来源：广州市荔湾区翻屋企营造社区促进中心）

1950年代的泮溪茶居（图片来源：荔湾区档案馆，著作权归属原作者所有）

马蹄糕与马蹄爽

马蹄（荸荠）是"泮塘五秀"之一，泮塘人用磨烂的马蹄混入糖浆蒸制而成的糕点，清甜爽口，风味独特。二十世纪二十至三十年代，很多小贩挑起肩担，沿街叫卖马蹄糕小食，即煎即食。当时，除了马蹄糕外，还附卖一种叫"震震糕"，这种食品也是以马蹄粉、澄面等蒸成，深得食客的喜爱。为了迎合顾客的口味，酌荷仙馆的老板不断改良马蹄粉蒸糕的方法，蒸出的马蹄糕点清甜可口、软韧弹牙，在生意兴旺的同时，也使马蹄糕这种传统的民间小食，逐渐堂堂皇皇的摆上酒楼饭市的餐桌[1]。用来制作马蹄糕的马蹄，是水马蹄。这种马蹄与我们平常在市场上看到的桂林马蹄不一样，它的作用就只有做马蹄粉。因为水马蹄放置时间如果过长，所含的淀粉会变少，

---

① 广州泮塘传统历史文化.西关美食出泮塘 泮塘"酌荷"首创炸两[EB/OL].(2019-4-18)[2019-4-18]. https://mp.weixin.qq.com/s/CDfaOevSuHeuRx6JWZ_xJQ.

就无法用来做马蹄粉了，所以商家必须在每年冬至到春节的这一段时间里，就收购马蹄，制作品质好的马蹄粉。在靠天吃饭的时候，要晒干马蹄粉，就必须利用冬至前后的这一段时间。这段时间太阳充足，也有北风，马蹄粉比较容易晒干，所以民间有"冬前粉"的说法。一般说来，10斤马蹄才能生产1斤左右的马蹄粉。

除了马蹄糕，还有马蹄爽，附近商家介绍称："煮马蹄粉糖水。现在荔枝湾那边一杯几元的马蹄爽，就是用马蹄粉糖水，加马蹄粒进去的。另外就是用来做羹、做芡的，中餐的厨房就一定要用马蹄粉的，可以让芡汁更好。那些羹如果不用马蹄粉而用生粉的话，一旦冷了就会变稀，不好看。"（附近商家Y）

马蹄糕的制作流程

（图片来源：广州市泮塘食品有限公司宣传册）

布拉肠粉

如今风靡西关、作为广府闻名小食之一的布拉肠粉，据传最早发源于西关泮塘。

究其缘起，都全赖泮塘人的智慧——种植五秀闻名的泮塘人，喜爱追求美食，同时也因务农之故，分外懂得珍惜和利用食材。

过去泮塘一带的酒家和食府，购买和使用的食材皆追求新鲜和完整。但运输、储存或加工过程中，食材难免有所损耗或者剩余。对于当天用不完的或者稍微次等的，泮塘人灵机一动，把各种散料食材混入新鲜米浆中，蒸制出口感层次丰富、价格经济实惠的布拉肠。布拉肠这一小小发明，不仅让剩余的食材物尽其用，更因其价廉物美，迅速在西郊和西关一带流行起来。如今的布拉肠，已成为所有广府酒家的必备特色茶点，更在后人的美味追求中，不断推陈出新，成为广府美食的一张亮丽名片。

抗战时期社会萧条，经济环境差。为了招揽生意，酌荷仙馆的点心师傅突发奇想，别开生面地把韧滑爽口的蒸粉卷着炸油条，切成小段小块上碟，然后再浇淋特制的酱油和芝麻，这种外柔内脆的食品口感奇特，推出后就很快受到客人青睐和热捧，成为了西关美食的一股清流。这就是我们熟悉的"炸两"（炸面拉肠）了。

到了后来，有茶客要求酌荷仙馆的点心师傅在布拉肠粉中加入肉片、猪肝、鱼片等食料，原来的蒸粉很快就被改良成为现做现卖的布拉肠粉，各式食材的泮塘布拉肠慢慢开始驰名西关。

有一些更讲究的店家，在拉肠粉的时候，（加入马蹄粉），可以将拉肠拉得很韧、很薄，口感完全不同。而现在的人都考虑成本问题，都不做了。现在另外有一种叫"拉肠粉"，是专门用来做拉肠的，已经配好比例的。（"拉肠粉"）是用粘米粉来做的。这种相对成本较低。以前很多大规模的有名的酒家都用马蹄粉。有间叫"粥肠王"的酒家，长期都用马蹄粉来弄（拉肠的），非常好卖，拿100斤马蹄粉，很快就用完了。这两年都没来拿。可能是转到别处拿，也有可能是觉得成本高了，这就不大清楚了。或者现在还有没有做，都很难说。以前在德政路，现在可能没做了。（附近商家Y）

泮塘五秀的美食

前文提及的泮塘五秀，皆可做出美味佳肴，其中"菱角炆花腩"就是一道很受村民欢迎的菜式，除此之外还有其他烹饪做法：

菱角粥，用整个菱角煲柴鱼、花生、咸猪骨；菱角焖猪肉、烧肉、排骨、焖鸡焖鹅都行。茨菇切片焖，或者用刀拍一下，最好是用个碗底压爆，这样最原汁原味，然后拿来焖猪肉、烧肉，或者用南乳焖猪肉、茨菇饼（茨菇、芫荽、腊肉、黄沙蚬肉，生开蚬肉）。现在蚬都不容易找了，以前这条涌都有蚬，现在就去到黄沙，十四涌，他们的是大蚬。以前上江村很多蚬的，现在可能没了。茭笋切片炒腊肠、腊肉、烧肉、莲藕煲汤、南乳、柱侯酱爆焖，始终都要下肥猪肉，因为"五秀"实际上是"五瘦"，就是瘦物。（李姓村民H）

鱼与鱼蛋

泮塘村民充分利用水网密布的条件，开展鱼类养殖。

泮塘一般养三大鱼：鲩鱼、鳊鱼、大头鱼。鲤鱼和鲮鱼有矛盾关系，"有鲮无鲤"。因为鲮鱼不开窝，鲤鱼开窝；所谓开窝，就是有个家窝，经常在那附近活动，出来吃完之后要回到这个窝里。但鲮鱼不起窝，而且鲮鱼养殖密度高，会占尽原来鲤鱼开窝的空间地方。鲤鱼吃完回来，没开窝，就没有了他们需要的休憩之处，影响生存。所以"有鲮无鲤"。

五大家鱼如果能适当地搭配养殖，能提高产量。同时也要结合地方特点——泮塘这个地方适合养鳊鱼，但顺德那边人就不会去养鳊鱼。一是销路，二是鳊鱼太抢肥料，会影响大头鱼；鲩鱼最重要有草就行。现在的鲩鱼之所以不好吃，是因为都改用饲料养殖了。往日吃到的鲩鱼，透明的，吃起来爽脆得"嚛嚛声"。

我们从小到大都吃鱼，20多斤的鲩鱼也吃过，应该起码养了5年。我们的阿叔和阿公都是卖鱼的，80多岁了，碰到熟人，人家还

叫他"鱼仔"。（李姓村民A）

泮塘有一种美食与鱼密切相关，那就是鱼蛋了。泮塘鱼蛋，即泮塘鲮鱼肉丸，起源难考，但自1940年代已是泮塘非常有特色的食物之一，且流传至今。泮塘五约二巷内原存有一户传承百年的鱼蛋制作手工作坊，鱼蛋不止比超市肉丸大颗，里面还蕴含了很大很大的功夫。

新鲜分秒必争：凌晨3点店主人即要骑自行车前往鱼栏买鱼，两部单车运送过百斤鲮鱼，赶回到家中时，鱼尚生猛乱跳。

制作多工繁复：买鱼、打鳞、起肉、洗净、雪藏一到两小时、仔细绞肉、反复捶打、煮熟，制作过程皆需要全家人倾巢出动、共力制作，才能赶在天亮开市前，出锅呈上最新鲜美味的泮塘鱼蛋。

材料丰富味美：轻微雪藏的鲮鱼肉，去掉多余水分，口感更加嫩滑；除了最新鲜的鲮鱼肉外，还加入腊肉、发菜等食材一起搅拌，味道升华；再经过反复捶打，打出丰富弹牙的口感；沾用微辣酱油食用，味蕾层次进一步提升。

每年泮塘鱼蛋只做半年左右，从农历八月十五左右，做到下一年农历三月三北帝诞，是闻名西郊的特色应节佳品，颇受邻里乡亲的喜爱。同时，泮塘鱼蛋也是逢年过节泮塘村到兄弟村拜访时的赠礼，也是泮塘村民集体活动围餐中必不可少的美食。

有村民回忆自己做鱼蛋的经历：

大概二十来岁就开始做了，跟着老爸做。做泮塘鱼蛋是家族式的。一直做到去年我退休才没做了。泮塘这边除了五秀，也有鱼。有鱼塘，也有五秀塘。五约这边也有自己的鲮鱼塘。但光是五约自己的塘鱼不够用，所以还要到外面去拿鱼。做鱼蛋很辛苦的，做的事情特别多——要买鱼、打鳞（刮掉鱼鳞片）、起鱼（把鱼肉起出来）、雪一下（鱼肉放进冰箱里冻一下、冷藏一下）、再来绞肉。绞肉完，还不算完成。还要加入粉和配料来捶肉，捶得更有弹性。那时候会加马蹄粉进去，口感更加爽。鱼蛋里边要加入腊肉、发菜一起搅拌捶打。按斤卖，以前一般卖20元左右一斤。其实赚不多，但真的要花好多好多功夫啊！——我们打鱼鳞、起鱼肉，都必须要一大堆人才能做成，不是说简简单单几个人就能做出来的，真的很辛苦的！

　　一斤鲮鱼没法做回一斤鱼蛋的，一斤鲮鱼大概才能起五到六两的鱼肉，半斤都不到呢。然后鱼肉再加入其他材料一起做，能做出七到八两左右的鱼蛋。这样子整一轮流程做下来，要很久的！要几个小时的。而且要弄熟了，弄熟了才能卖的。买鱼、打鳞、起肉、洗干净、雪够一到两个小时、绞肉、摔打、煮熟——很多工的。往年一般现在这个时候会做泮塘鱼蛋咯——八月十五左右，可以做出来应节的。从八月十五一直往后的时间都会做，会一直做到过年。通常从年尾，也就是八月十五前后，现在这种开始变冷，起秋风的天气开始做；做到第二年天气热了就不再做——大概过了三月三就不做了。有秋风，做出来的鱼蛋会爽一些。每一天都要做。只要在那个时段，就每一天都要做，也就是每一天都要拿鱼回来做。如果比较多、比较旺的时候，凌晨三四点就已经要过去拿鱼了，那时候天都还没亮，路上都是黑漆漆的呢，幸好踩单车过去的路上有路灯。很辛苦的，凌晨没法休息就得去了。因为天亮了已经开始卖东西了，我们要赶在天亮之前把鱼蛋做好，才能赶得及卖。凌晨两三点拿了鱼回来，马上就赶着打鳞、起鱼肉，然后赶快用冰箱雪冻一下，然后边加料边绞鱼肉，最后用沸水煮熟。那时候做的会比较大一颗，比现在超市里看到的要稍微大一些。这个马达用了二三十年了。以前那一个马达更漂亮，是铜制的。可惜没保留下来。很久没动了，这三、两年都没动过这部机器了。我们一向都是在市场卖。（黄姓村民O）

泮塘鱼蛋制作工具（拍摄于2018年）

蟛蜞与泮塘瓦罉礼云饭

对于在二十世纪八十年代以前出生的泮塘人来说，童年时在河涌边捉蟛蜞的欢乐和喜悦，将永远深深烙印在他们的心里。旧时的泮塘村河涌纵横分布，人们在河涌两岸和田头垄边的泥缝石块、杂草丛中，到处都可以发现蟛蜞的踪影。蟛蜞是淡水产小型蟹类，过去在珠三角的河涌十分常见。

按照粤语的字音和字义，"礼云"应该解释作"礼匀"。"礼匀"就是多礼、礼数周全、重礼数的意思。蟛蜞习惯横向行走，但是偶尔直线行走时，两只前螯就会呈合抱状，好像古时候人们拱手作揖的形态，而且一步一揖，在粤语中就用十分"礼匀"来形容了。因此，一些文人雅士就把《论语·阳货》中"礼云礼云，玉帛云乎哉？"的"礼云"，为蟛蜞雅名了一番，在广州地区，使用蟛蜞籽（卵）做的酱也有了一个像锦缎似的名字——礼云子。

"礼云子"这个名称现在已经很少人知道了，以"礼云子"做菜就更为罕见。制作"礼云子"也不是容易的事情，由于蟛蜞的体型很小，要挤它的卵籽很费时间和功夫，没有两三千只活体蟛蜞，也挤不出一瓦钵礼云子。蟛蜞酱多产于珠三角的南海、番禺、顺德等地，当地的人们都喜欢用它作为佐料，用作蒸火腩、蒸鸡蛋、蒸豆腐等菜式。新鲜的礼云子呈红棕色，颗粒非常细小，如沙状，质感幼滑软嫩，入口有很浓郁的鲜味。懂得美味的食家，通常会把这种物品誉称为"田间第一美食"，是顶级农家菜的精华。

随着社会经济的发展和自然环境的变迁，蟛蜞、虾蜞的生长数量也发生锐减。到了今天，且不说蟛蜞为害农田，就算捕之入馔，也已经是一件不容易的事情了，更不要说让厨师们耗费损手破指的功夫，挤出蟛蜞的蟹籽，蒸上一碟正宗"礼云子"菜式了。

对使用礼云子来做饭菜，泮塘村有这么一段传说：

相传，在古时候的泮塘村，有一个叫鸭公罗的农民，常年在河涌和水田边养鸭为生，他通常会捕捉一些蟛蜞来喂鸭，他的鸭子因此也养得十分肥壮。有一天，鸭公罗正在田间开锅煮饭，友人老陈正好携带好酒来探访，鸭公罗自然留下好友吃饭。不一会儿，鸭公罗在田间摘了菜，又从河里捞上鱼，烹煮一番，二人就在田间竹棚下饮酒吃菜，大快朵颐。两人啖酒品菜，稍有醉意时，鸭公罗看到一群蜞蚒在田垅边的石缝中爬来爬去，突然升起了一个念头，于是就问老陈说："你敢不敢吃蜞蚒？"

"鸭罗，蜞蚒都可以吃的吗？"老陈愣了一下说。鸭公罗笑了笑又说："其实，我们品尝鸭肉的味道好，都是离不开喂食蜞蚒，如此类推，蜞蚒就一定是好吃的。"老陈却反驳说道："这个理由并不充分。又比如，猪食猪潲，人既然食用猪肉，那为什么人就不食猪潲呢？"两人正你一言我一语地争论起来时，恰好有一位相识的老农路过，老农闻言就哈哈笑道："口争不如口试。等我捉来蜞蚒，由鸭罗煮了先试，然后再定胜负，好吗？"过了片刻，那位老农果然捉了十来只蜞蚒过来，鸭公罗立即用油煎炒。炒好的蜞蚒黄灿灿、亮闪闪，非常诱人。鸭公罗捡了一只小的放在口中试味，口感鲜美，于是又呷一口酒，发现真的是美味无穷。看到鸭公罗笑眯眯地品尝美食，老陈、老农夫都相继把蜞蚒放到口中试味，三人立刻哈哈大笑，为找到了美食高兴了一番。此后，蜞蚒就成为泮塘农家的一道美食。再则，鸭公罗知道每年清明前后是蜞蚒产卵孵籽的季节，蜞蚒身上不少卵子，能不能吃、好不好吃呢？他灵机一动，捕回蜞蚒取其腹中卵子，回家放在瓦罉里焗饭，发现蜞蚒籽的鲜味还远胜于蜞蚒肉。此后，不少泮塘农家就纷纷仿效这一道菜。①

紫苏炒田螺

以前在西关黄沙、长堤一带的珠江岸边，每到万家灯火的时候，就有很多摊贩设炉生火、架起小锅，"哗啦哗啦"地炒起了田螺，即炒即卖，整一条路都飘着一阵阵诱人的炒螺香味，摊档的叫卖声更是遥相呼应，非常热闹，别有一番西关风味。炒田螺最初从顺德传入广州时，并未使用紫苏作为佐料。据说，使用紫苏下锅炒螺，是由西关泮塘村农夫李细苏首创的，还一直流传着这样的故事：

---

① 广州泮塘传统历史文化.已经在泮塘消失了的一罉饭[EB/OL].(2019-9-15)[2019-9-15].
https://mp.weixin.qq.com/s/jjoRAlfNSxUd7ZYHfa92cA.

在很久以前，泮塘人就开始使用剁碎的蒜头、豆豉、辣椒为佐料，增加炒田螺的口感和风味，但这些佐料都没有办法去除田螺中的泥腥味，实在是美中不足。那时候，在泮塘村有一个叫李细苏的农夫，因为每天要在田地中耕作，就经常在水田中捡拾螺作为饭菜。有一天，他在吃田螺的时候又吃到了螺肉中的泥腥味，不禁皱起了眉头，并自言自语地说："细苏啊细苏，如果你有办法去除田螺中的腥味，那就十全十美了。"言者无心，听者有意。旁边有人插了一句话："细苏伯伯，细苏，细苏，你就是细的苏叶，苏叶的气味芳香辟浊，为何不试一下？"李细苏"噫"了一声，突发其想，就立即在田垅上摘了几片细苏叶（即紫苏叶），洗净后放入田螺中一起爆炒，香气四溢，飘满田间，紫苏炒田螺的味道果然与众不同，后来，人们又对紫苏炒田螺的烹制方法作了改进，炒螺之前先用食油拌均田螺，然后再加入紫苏叶爆炒，肉嫩鲜美，风味可口。紫苏炒螺成为一款独特的西关风味食品后，又被人们称为"细苏炒螺"，可谓一语双关了。

至于泮塘是否有"李细苏"这个人已经无从稽考了，也许只是一个美好的农家传说罢了。但是，以前的泮塘村到处都是溪河和水田，田螺、紫苏对生长环境的要求都不严苛，在田头和溪边都不难发现它们的踪影，泮塘人通过日常生活中的点点滴滴，摸索出烹制美食的大道理，这是先辈留传给后人的宝贵财富。[1]

三、婚丧习俗

以前泮塘五约村民结婚，多数都会去祠堂或三官庙摆酒。

---

[1] 广州泮塘传统历史文化.紫苏炒田螺与泮塘李细苏[EB/OL].(2019-4-29)[2019-4-29]. https://mp.weixin.qq.com/s/BM_JdSSBjFLGHUv7OnLqag.

以前结婚在家里，摆酒在祠堂，我结婚就在三官庙。如果村里没有祠堂，会借邻村的。以前的人很热情的，晚上都是不关门的。在门口，有时在太公山，拿些砖做几个灶，就是结婚的"前一晚埋厨"。现在年轻人摆酒也还有"前一晚埋厨"，所有帮手的亲戚朋友先吃一餐，就是证明这家人明天就是好日子。（李姓村民F）

结婚前一晚吃一餐叫"埋厨"，但如若是丧事则有另外一个称呼"坐夜"，同时丧葬时与水相生的泮塘居民也有另外一番净身的习俗。

如果不是讲"埋厨"，而是"坐夜"，证明是丧事。如果去哪家"坐夜"，就是那家明天要办丧事。（李姓村民F）

这里旁边还有个埠头，泮溪那边也有埠头。埠头对于一个乡村很重要。说句不好听的，哪一家的先人升天过世了，大家都要从埠头买个水，擦过逝者的身子，然后再拿烧酒，也擦一遍身子，才会再出殡上路的。（李姓村民R）

第四篇

逸闻轶事　口耳相传

第九章

革命故事中的泮塘

自1840年第一次鸦片战争爆发，在西方殖民者入侵之下，中国逐步沦为半殖民地半封建社会。国家主权遭到破坏，人民生活苦不堪言。为了实现民族独立、国家富强的民族夙愿，中国人民自此开展了艰苦卓绝的斗争。泮塘村地处广州西郊，而广州又是近代民主革命的重要策源地，泮塘村民也投入到革命的洪流之中，为民族解放而奋斗。泮塘这片热土，还见证了近代很多重要革命事件的发生，在中国近代史上留下浓墨重彩的一笔。

一、两次鸦片战争中的泮塘

1841年5月，英军进攻广州城，而泮塘村所在区域也受波及。当时番禺县举人何玉成向地方官府提出："自海珠至石门水陆冲隘，如仁威、沙南、荔园、泮塘、穗口及对岸之白沙、增城，各按险要，设防置炮。河南数十村及城东燕塘地方，亦均起而团练。进士何有书等，接踵倡行，各就所近设为社学，辅以公所而二之。"①何玉成是领导三元里抗英的主导人物，他对抗英形势有着直观的了解。他建议要在"仁威""泮塘"等地"设防置炮"，说明泮塘村所在位置也处于英军的入侵范围之内。

面对着英军的入侵，泮塘乡民也投身到抗击外来侵略的时代洪流之中。一方面，泮塘乡民参与支持三元里人民的抗英斗争。相关资料提及："在清代，泮塘属南海县恩洲保辖下十八乡之一，也是十八乡中最富庶的乡。据当地老人说这十八乡系包括荷溪、三圣、半塘（泮塘）、三洲、彩虹、南岸、澳口、源头、西场、增埗、西村、王圣堂、三元里、瑶台、沙涌、棠下、棠溪、佛蛇岗。百年前之'三元里'抗英就有不少是来自这

---

① （清）梁廷枏，《夷氛纪闻》，《续修四库全书》第445册，第159页。

十八乡的居民。"①

当时泮塘乡习成堂颜耀庭的徒弟有很多参与了"三元里抗英战争"，与清军一起围剿，战争中有挺多人牺牲。清末时，仁威庙据说门口有四台"猪仔炮"（类似虎门大炮的缩小版）。（李姓村民A）

同治11年的《南海县志》中曾记述"北帝庙，一在恩洲堡泮塘乡署曰仁威祀产颇饶，咸丰间团练防堵费孔繁均取给焉，绅贤捐输亦伙逼近会城声援特壮"。可见当时的团练和本地乡绅为保护广州抵抗外国入侵者输送钱财与人力。因此，仁威庙实际上已成为清末广州地区抗击外国侵略者的一个重要据点。

同治十一年《南海县志》中对北帝庙的记载

　　同时，根据现在村里老人的回忆，泮塘村民在珠江对岸的石围塘也有土地，故而泮塘村民在鸦片战争后石围塘人民抗租地斗争中也发挥了作用。第一次鸦片战争结束后，中英双方签订《南京条约》，规定开放五口进行通商，其中文原文称："自今以后，大皇帝恩准英国人民带同所属家眷，寄居大清沿海之广州、福州、厦门、宁波、上海等五处港口，贸易通商无碍；且大英国君主派设领事、管事等官，住该五处城邑。"①为了落实"派设领事、管事等官，住该五处城邑"一条，后来中英《虎门条约》又规定中国准许"英人携眷赴广州等五口居住，中华地方官必须与英国管事各就地方民情，议定于何地方、用何房屋或基地，系准英人租赁……英国管事官每年以英人或建屋若干间，或租物若干所，通报地方官"②相关条款给殖民者强占中国土地作为租界提供了借口，石围塘人民的抗租地斗争正是由此爆发。

　　另一方面，为保安全，各乡约积极组织团练。《重修仁威祖庙碑记》中提及："当咸丰四年，红匪蠡起，豺牙宓厉，虺毒潜吹，省垣成鼎沸之形，薄海俨土崩之势。森时乡居，与家凤笙司马景韶、黄醴泉都戎、洪钧等首倡团练，力压贼冲，擒获贼匪百余人，复倡捐仁威巡船贰号，自备口粮，森与黄都戎及李记委逢清等随同官军在韶关、清远、石门、文滘打仗十余次，夺获贼船贼目旗帜炮械无算，计费白金万余。后外洋滋扰，复倡团练，饥馑荐臻，力谋捐赈，卒能井里如故，鸡犬无惊。"按照这段碑文，泮塘村民自咸丰四年（1854年）开始仿效其他它各乡的做法创建团练，以保证泮塘地方的安宁。碑刻中的"外洋滋扰"指的是第二次鸦片战争过程中英法联军对广州城的进攻。后来广州城被英法联军占据，由广东巡抚柏贵为代表的地方政权成了傀儡政权，而泮塘村因为有团练武装力量最终让英法联军不能越雷池半步。

---

① 王宏志，《"岂有城内城外之分"——"广州入城事件"与<南京条约>的翻译》，载王宏志主编，《翻译史研究 2016 第6辑》，上海：复旦大学出版社，2017年，第153—189页。

② 霍建国主编，商务部国际贸易经济合作研究院编，《中国对外贸易史 中 第2版》，北京：中国商务出版社，2016年，第6页。

二、动荡年代革命中的泮塘

到了辛亥革命前后，泮塘地区周边开始出现了一系列新式学校，这些新式学校为泮塘地区带来了新的思潮与开放的社会风气。《神州日报》于1907年报道了以下这样一条新闻。

二十日一点钟，城西多宝街壶德女学堂集议，力争捕权事。到者约数百人，座为之满，有坤智、颂贤、育坤、夏葛、真光、通志等女学堂学生赴会。先由刘守初女士宣布宗旨，李撷薇、伍文英、邝钰清、廖美德、罗有节、俞岱宗、简卓亭、林藉恩各女士相继演说，痛陈西江捕权授予外人之害，众皆动容。至三点钟会，集议挽救问题，公推刘守初、李撷薇二女士主席，张振权女士宣布，张华佩、潘寿世二女士书记。是日议案照录如下：

一，西江缉捕与各省内河均是我国主权，外部以兵柄授人，于两粤前途大有关系，主权一失，亡可立待。亡国之惨，女界比男界尤甚，我女界亦国民一分子，当联结团体合力坚拒云云。次俞岱宗女士起言女界宜联结团体。李撷薇起言请女界同胞始终坚持。伍文瑛起言今日对于西江问题，虽至牺牲身命，亦所不惜。

二，筹捐电费，电北京政府力争。刘守初起言电费由壶德、德育两校担任。李撷薇起言，今日系全国全省全群事，似宜由各同胞量力捐助，不拘多少。梁佩真起言，今日吾请在会诸女士或校园教员等劝导学生捐助，众赞成。

三，下期可否再集众会议，众议看力争效果如何，再行集议。
宣布军机处、外务部电文。已见本报，兹略。①

---

① 《粤女界会议西江问题》，载《神州日报》1907年12月5日，第5版。

报道里提及的这次集会，起因是1907年英国借口英国轮船在西江遭劫，要挟清政府把西江缉捕权交给英国控制的广州海关税务司，并在当年10月末派军舰驶入西江，随意搜查华轮，滋扰沿岸城镇。这次集会由当时泮塘周边新式学校的女学生发起，旨在筹划集会，向英国侵略者表示抗议。这些新式学校在泮塘周边区域的出现，推动了古老村落的近代化进程。1909年出版的《广东地方自治研究录》记载了"泮塘自治研究社"的成立情况：

> 泮塘自治研究社于十七日发起集议，来宾冒雨而来者数十人，学界有培英、进取、道南各学堂。是日十二点钟，先由邓维新、颜耀庭、黎庭锵、陈铿祖、李铁尧诸君次第演说自治理由，至二点钟间开议，公推主席梁尧乐，宣布李铁尧，书记梁和节、梁芳榴。议罢茶会始散，议案如下：
>
> 议定名为泮塘自治研究分社（众赞成）；议指定场所以为本社之办事所。刘寿朋起言现在开办伊始，拟暂借泮塘乡约为办事所，俟禀官存案时再决议指定（众赞成）；议采用广东地方自治研究社规程仿照办理，以符一律（众赞成）；议速行投筒选举社长及组织各部分任事务（众决定俟下期开议并举行选举）；议本社开办经费应如何提拨公款，或公产之出息。梁世材耆老起言我乡原有三堂产业之出息，内充本乡公用。今本社亦办合乡公益，可提该款以充经费（众赞成）；议禀官存案，以符定章。梁君次玑起言：俟举定社长而后举行（众赞成）；提议商办四益购地公司献议事，主席起言由四益公司径行函达广东地方自治研究社，更为直捷（众赞成）。[①]

根据这篇文献，可知泮塘自治研究社在泮塘的设立，得到了当时泮塘村民的支持。一方面，泮塘将自己的"乡约"出借为该研究社的办事所；另一方面，该研究社运作之经费亦由泮塘村"三堂产业之出息"来支撑。

辛亥革命虽然终结了长达2000多年君主专制制度，但胜利的果实很快就被袁世凯篡夺。袁世凯主导下的北洋政府对革命力量进行镇压，而革命者

---

① 《杂报：泮塘集议设立自治研究分社》，载《广东地方自治研究录》1909年第10期，第87—88页。

们则不畏牺牲，不屈不挠继续进行斗争。孙中山先生为实现他的革命理想，在广州三次组建革命政权，与北洋政府进行对抗。其中，据村中长者口述，国民党少将李文棠，西片农军的副总指挥黄永成，农军的联络员李声燕都是泮塘村人。

> 孙中山从创办兴中会，直至同盟会期间，都与泮塘村关系密切，一个是吕周，一个泮塘习成堂的颜耀庭师傅，都是孙中山同盟会的成员。那时候黄兴被清政府追杀时，被吕周等人带回到泮塘（暂避），在泮塘进行休整后，从泮塘五约风雨亭出发，乘小艇在夜色中渡江到达位于河南溪峡（现海珠区溪峡新街）的秘密联络点，与徐宗汉会合。包括第一次国共合作失败，林锵云也是吕周带其到泮塘休整，后由五约乡亲从风雨亭出发用小艇将其送到南海，再辗转抵达香港与党组织重新接上关系。在这个特殊的历史时期，在泮塘五约这样一个小小的地方，与当时指导革命的人物保持一定的关系，这些历史是很珍贵的。（李姓村民A）

> 我们村的黄永成是广州起义西片农军的副总指挥，由于广州起义计划提早了，运输的军火被清政府爆破，因此需要提早起义，黄永成叫儿子棹小船到芳村联络点通知提早起义，当时，芳村的农军集结在谢家祠，泮塘地区的农军主要集结在泮塘五约，当时泮塘五约有一乡约可以容纳很多人。因为，基于当时的历史环境，农军指挥组织就设立在泮塘五约涌边街，泮塘五约临近珠江河道，集结点安排在泮塘五约比较容易撤退。后来被打散的部分农军战士三三两两撤退到泮塘，在泮塘农会会员的掩护下脱离险境。（李姓村民A）

泮塘周边区域除了见证孙中山先生的革命事业外，还见证了中国共产党人为革命而奋斗的身影。1924年，中共广州党组织派冯菊坡、刘尔崧、施卜、周文雍等在西关、西村一带领导工人、青年、学生进行反帝反封建的革命运动。7月，他们领导组织发动沙面洋务工人举行罢工，抗议沙面英租界当局颁布限制华人进出的"新经律"。彭湃、阮啸仙等领导的农团军曾在西关一带开展革命宣传，并于10月参加平定商团叛乱的战斗。

> 1925年农运领导人罗享、黄谦、王岳峰等先后由南海县里水农

会的潘顺和郭见耀带到我市郊聚龙村，他们想我们宣传革命道理，进行阶级教育，教导我们组织农会，1927年4月15日，国民党叛变革命，石井兵工厂机器工会的工贼摩啰仔纠合了附近的地主恶霸到聚龙村清党，1927年12月10日，聚龙村农军经过林成佑串联到广州参加起义，12日上午，我们到西瓜园广场参加庆祝广州苏维埃政府成立大会，敢死队的成员举手宣誓喊出"为保卫苏维埃献身"的最强音便出发到观音山去了，在象山和敌人进行了激烈的战斗，后来敌人蜂拥而上，我们退到大北，不久后续有了增员，我们又到长堤防守。13日广州全城已被敌人包围，我们奋死保卫苏维埃，农军被打散了，有的三三两两到了泮塘，被泮塘农会会员掩护，撤离了险境，有的朝东撤退，走到各县去……[①]

"1925年2月和10月，广东革命政府先后举行两次东征，讨伐盘据东江的军阀陈炯明。广州市郊农民积极响应，派出50多人与其他地区农民一起，由农民自卫军总指挥赵自选率领，出发到惠阳淡水参加战斗"[②]据村中长者口述，这"50多人与其他地区农民"多数来自于泮塘，他们在队伍中有一部分为"伙头军"，即为厨师。至1929年，因西区委书记王果强被国民党当局逮捕，中国共产党在泮塘周边的活动暂时停止了。

除此之外，抗日战争时期，由于泮塘地形复杂，日本侵略者都不敢进入侵略。但泮塘居民也为保护其他地方的安全，积极配合当时的社会和政府，为维护一方水土的安全做出了积极贡献。

广州沦陷初期，当时在泮塘一带的民团曾一度提出"誓死保卫泮塘"口号，无耐当时政府军已无力抵抗日军侵略。由于当时广东民团的团长伍冠廷提出，凡是捉到日军的都会有奖励，因此，在泮塘一带的旧民团成员仍在珠江沿岸，对往来的日军船只进行偷袭，直至现在仍被津津乐道的是，当时有泮塘人曾经在夜间抢走了两艘装满电线的日军船只，有村民把抢劫来的电线圈用绳穿好，全部浸

---

① 广东革命历史博物馆编，《广州起义资料》，人民出版社，1986年4月，第223-224页。

② 中共广州市委党史文献研究室，《大革命时期的广州市郊农会》，2010年01月12日

到珠江岸边，到晚上才分派搬运上岸。由于泮塘村民经常对日军巡逻船只实施袭击，所以当时泮塘村民缴获了相当数量的军火武器，广东民团当时在泮塘接收了很多缴获的军火。解放后，有人抽干了位于泮塘五约民团队址后面的一个池塘，在池塘底发现了大量当时缴获的日本武器。（李姓村民A）

广州解放时，一支解放军部队由泮塘取道入城，在五约休整了一夜。虽然父老当时年纪尚幼，但时至今日，说起解放军战士秋毫无犯的事迹仍然记忆犹新。

当时，战士们都是在街巷和空地上坐着休息，绝不惊扰村民，只有在自己带的水喝完的情况下，才接受乡亲们提供的饮用水，其他一律婉拒。乡亲们深为感动，为了让战士们休息得好一点，尽量把他们带到有屋顶可以遮风避雨的地方。（李姓村民A）

三、和平年代持续发展中的泮塘

广州解放后，荔湾地区的地方党组织在1949年12月正式成立。当时在荔湾区范围内设置了7个区委组织，分别是西禅区临时工作委员会、长寿区临时工作委员会、逢源区临时工作委员会、黄沙区临时工作委员会、南岸区临时工作委员会、陈塘区临时工作委员会、沙面区临时工作委员会。泮塘村范围当时归逢源区管辖，在1950年2月，逢源区人民政府设立驻泮塘街工作组。同年6月，原来的7个区合并为3个区分别为荔湾区、长寿区和西村区（对应的区委分别为中共广州市委员会荔湾区委会、中共广州市委员会长寿区委会以及中共广州市委员会西村区委会），泮塘街划归西村区，黄沙区并区改称荔湾区。至1951年9月，西村区人民政府撤销驻泮塘土改工作组，设立驻泮塘街办事处。

到了1952年9月，荔湾、长寿和西村三区合并为广州市西区，成立中共广州市西区委员会，下设秘书室、组织部、宣传部、统战部、纪律检查委员会、工业部和财贸部。泮塘街至此划归西区。1955年5月，西区下设荔湾街道办事处、泮塘街道办事处和珠江区如意坊段办事处。至1958年7月，泮塘街撤销，划归荔湾街。1960年7月，荔湾街与黄沙街合并，成立西区黄沙人民公社管理委员会。8月，撤社复街，荔湾街改称昌华街，设荔湾区昌华街道办事处。1968年8月，成立荔湾区昌华街革命委员会。1980年9月，撤会复街，称荔湾区人民政府昌华街道办事处。

1949年12月，长寿、逢源、西禅、陈塘各区建立党支部，共有党员31人，成为中华人民共和国成立后荔湾地区首批中共基层党组织。1950年6月，7个区并成3个区后，党支部数增加到9个，党员人数增至73人。其中泮塘街所属西村区拥有2个党支部。至1960年，由西区各街道及由中区并入西区的一些行政街组建9个街道人民公社，建立了公社党委，同时并入了三元里、石井人民公社部分生产队。区委属下党组织增加，共有22个党委，43个党总支，826个党支部，11985名党员。次年，农村地区移交芳村区管理，全区党员减至11031名。街道人民公社撤销，9个公社党委改建成19个街道党委。1966年"文化大革命"开始后，基层党组织受到冲击，处于瘫痪状态，组织生活停止，直至1968年革命委员会党的核心小组成立后才开始逐步恢复。1969年9月，区第二次党代会召开，新一届区委成立后，区机关和各街、局党组织逐步恢复。至1990年，区委直属党总支以上基层党组织中就有昌华街党委，泮塘村的党员活动主要由昌华街党委负责，并成立了西郊经济发展有限公司的党支部。有村民介绍称："西郊经济发展有限公司属下5个支部，退休两个支部，泮塘一个，西村一个，目前，退休党员都由西郊经济发展公司领导。"（李姓村民S）

2023年3月，昌华街道党工委、办事处正式启动"幸福西关·泮塘'五约'——昌华街道高质量党建引领打造环荔湾湖美丽社区党建品牌项目"，引用西关大屋和泮塘五约两个昌华地区的特色文化符号，以党建之约、文化之约、平安之约、健康之约、商旅之约这"五约"为主要抓手，从"党建引领、文化传承、群防共治、服务民生、助力经济"五个方面，努力打造环荔湾湖美丽社区党建品牌，全面推进昌华地区工作高质量发展。

第十章

泮塘历史名人轶事

一、泮塘进士黄其表

湖南省《保靖县志·灾祥》中有这样一段记载："二十九年已酉，春夏苦雨，二麦无收，大饥。五月饥荒，道殣相籍，民间多食椿莱及剪草充饥者。邑令黄其表开仓平粜，邑富绅多设厂施粥……"

这段话的大概意思是讲，在清朝道光二十九年（1839年）时，湖南永顺、保靖地区暴雨成灾，导致河道决堤，大水淹没了农田村舍，当地粮食失收，并出现大面积饥荒，在道路上死于饥饿和瘟疫的人比比皆是，灾民只能食用草根和树皮充饥。当时，保靖县令黄其表下令打开粮仓低价抛售储粮，乡间的官绅也设置粥厂救济饥民……

这里说到的黄其表，恰恰正是泮塘五约黄氏族人的先贤。

据史料记载，黄其表在道光十二年（1832年）考中壬辰恩科二甲第七十六名进士（出身），先后在湖南保靖县、永顺府等地任官。黄其表翰林院候派时认识了林则徐，禁烟运动期间，林则徐曾邀请黄其表到虎门监督销毁鸦片。黄其表为官颇有清誉，为官期满后请辞回乡。现在泮塘五约直街上还有一座同治元年（1862年）重修的半溪五约亭，在亭门的石对联上还留有黄其表的字迹"门接水源朝北极，路迎金气盛西方"，字迹清癯，颇见风骨，一如其人。保存在仁庙威西厅中的碑记中，也记载了黄其表在同治六年（1867年）重修仁威庙时的贡献。

关于黄其表还有这样一个佳话，他辞官回到泮塘后赋闲于家，清廉闻名于乡里，凡有达官显贵邀宴，都拒不赴约。他日常喜欢以种菜为生，乃至娶媳妇也无钱，卖田筹款，一时传为美谈。[①]

---

① 广州泮塘传统历史文化.泮塘旧话 泮塘进士黄其表[EB/OL].(2018-9-7)[2018-9-7]. https://mp.weixin.qq.com/s/WFv4KhLL4rkx-dMsvNnVHg.

黄其表旧居现状（泮塘五约四巷25号）（拍摄于2023年）

二、习成堂颜馆颜耀庭

　　颜耀庭（1870年—1951年），南海县人，蔡李佛拳第三代传人的杰出代表，广东近代的文武双全英杰。颜耀庭出生书香世家，他是晚清的贡生，精于医道，早年曾在广府义学执教，1912年出任肇庆、罗定等县安抚使署军医处处长，1920年任粤军西路总司令部军医处处长，1927年起任广州工人医院医师至善终。颜耀庭为人正派、乐善好施，貌似书生，实为武林一代大豪，他得到陈伯官的亲传，掌握了蔡李佛拳的精髓，并主要在广州、香港等地任教，培养了何牛、颜云龙、颜少明（女）等众多优秀武术人材。颜耀庭在西关龙津桥开设医馆期间，受邀在泮塘乡的习成堂执掌教务，使得蔡李佛拳在西关一带得到蓬勃的传承和发展。

颜耀庭画像（图片来源：泮塘五约村民）

至今泮塘村民说起颜耀庭，仍然如数家珍。据他们所言，颜耀庭之所以会来到泮塘村教授拳术，关键原因在于一位叫做吕周的村民。相关口述文稿如下：

为什么颜耀庭会来到我们泮塘这里，入主习成堂呢？有一个先决条件。泮塘五约直街现租作理发店的那间房子，其理发店主人的阿爷叫吕周，吕周是兴中会、同盟会，跟颜耀庭同一年代的人。颜耀庭和泮塘五约的吕周，都是兴中会、同盟会的会员，两人有交情。吕周和黄兴是同一代人。黄兴去刺杀清政府某官员，没有成功。清政府事后通缉黄兴，吕周就带黄兴回泮塘避难。

史坚如是反清革命党人，革命历史人物，反清政府革命者，被清政府逮捕，在天字码头处决，颜耀庭与史坚如弟弟（史古愚）晚上去抢史坚如尸体。清政府事后发觉，通缉祖师爷颜耀庭，颜耀庭逃到西关大屋，清政府围剿西关大屋。颜耀庭被迫出逃至天津，后儿女均留在天津。

颜家很多后人都认为，颜耀庭治病而攒下的钱不少，但颜耀庭都捐给孙中山了。颜耀庭的师傅交代他，颜家不能开武馆，只准开医馆，只有陈家才可以开武馆，所以颜耀庭就只开医馆不开武馆。当时颜耀庭治过那么多达官贵人，会攒下不少钱。但是，因为颜耀庭追随孙中山闹革命，所以都捐出去了。（李姓村民A）

正是由于吕周与颜耀庭均同属同盟会员，两人又意气相投，颜耀庭最终才受邀请来泮塘传授武术。据村民介绍，颜耀庭只是为泮塘村的"团练"成员传授武术，并未开设以营利为目标的武馆，所以并未违背当日"只开医馆，不开武馆"的誓言。

今天坊间流传的一则名为《华林寺铁肚笑和尚》的故事，说的正是颜耀庭在泮塘村传授武术期间的故事。今将故事录于下：

清末，西关华林寺有一个铁肚笑和尚。此僧法号广源，人称广源禅师，据说是从罗浮山下来的一个武僧。有关铁肚笑和尚的故事，大约发生在宣统二年（1910年）初。一日，笑和尚与十二三个皈依弟子在堂中吃茶论佛，讲授禅机。其中一个弟子忽然讲到少林禅派，说少林寺传达摩遗风，禅拳医一体。广源和尚点头称善，然后拍拍自己的肚腩，呵呵一笑说："禅在此也！"一个弟子好奇地问道："师傅，你个肚腩咁大，好似弥勒佛，如果被人打一槌，顶得住么？"广源和尚笑着说："若不能顶，洒家还能在这里说禅么，哈哈！"这一说，众人更加好奇，立刻有人提出试一下。广源禅师呵呵一笑，点头答应了。开始，弟子们随意击他肚腩，尚不敢出力；每拳打去，都听见"嘭"一声，有如手击气囊。

广源禅师便叫众人使劲打。说完离座走到堂中，一开四平马，任人捶击。

众人于是你一拳，我一拳，"乒乒乓乓"猛打一气，累得精疲力竭，笑和尚却若无其事。这些皈依弟子当中，有一个是泮塘乡颜耀庭洪拳武馆的弟子，名叫"大只威"。次日，他回到武馆，一见师父颜耀庭，便将华林寺大肚和尚的事一五一十说与他听。颜耀庭听后，一笑了之。

半个月过去了，"大只威"如前一样，凡到初一、十五，必到华林寺去拜会广源禅师。有一次，众人再次论禅，广源和尚又是大拍肚腩，众人于是再抢拳猛打。轮到"大只威"时，他决定要用自己的功夫试一试禅师的肚腩到底有多厉害。只见"大只威"摆出弓箭马步，左手先出掌顶住广源之肚，然后右手拿拳抽后，蓄劲藏力，有如引弓待发。"大只威"说："师父，我以此单龙出海势打你，你能顶得住吗？"广源禅师笑说："亚威，你尽管大胆打来。若师父无本事，何以可称之为师父呢？打嘞！""大只威"也就不再多说，尽力一拳击去。只听"嘭"一声，拳入肚腩足有半尺，却被肚皮吸住，任"大只威"怎样拧，怎样扭，也抽不出来，犹如铁碰上了磁。过了一阵子，只见广源禅师将肚腩一弹，"大只威"便连连后退六七步，"嘭"一声跌坐在身后的一个蒲团上。"大只威"羞得满面通红。广源禅师则哈哈大笑。原来，广源禅师练的是有名的"棉花肚"，又名"弥勒佛肚功"。其肚膨起可如鼓，收缩可如锅，乃一种独特的内家功法。

这一回，"大只威"满面羞愧回到武馆，也一五一十如此这般告诉颜耀庭。颜耀庭觉得奇怪，心想以前从未听说过华林寺有一个"棉花肚佛"，于是决意会一会笑和尚。次日，由"大只威"带路，颜耀庭来到华林寺。入门见了广源和尚，但见他身高、腰圆、背厚，面宽耳长，一副慈颜佛相。见过礼后，"大只威"介绍颜耀庭是自己的习武之师，广源禅师"哦"一声，立刻邀请颜耀庭到禅堂内坐。两人分宾主坐下后，颜耀庭乃说："大师，今闻大师有一内功绝技'棉花肚'，不知可否能让俗家见识一下？"广源禅师哈哈一笑说："贫僧也曾闻颜施主的洪家拳术功夫精湛，一桥碎三关，今日有缘相识，幸会，幸会。"广源顿了顿，又接着说："颜施主既然光临寒舍，不嫌贫僧之肚俗，那就不妨切磋一下。不过，颜施主乃当今武林高手，千万要手下留情，哈哈！"

说完，广源禅师束上腰带，运气于丹田，将肚腩一鼓，笑着招呼道："颜施主，请！"颜耀庭也不客气，一个箭步站在堂中，一拱手说："大师承让了！"随后，左脚一踏向前，变出子午马，"嘿"一声猛出右拳，势如蛟龙出海，"嘭"地打到广源和尚肚子上。广源和尚呵呵一笑，若无其事，颜耀庭的拳便像击在鼓上。如是一连数拳，颜耀庭未能击退广源禅师半步。眼见为实，颜耀庭终于亲身领教了"棉花肚"的厉害。少坐片刻后，颜耀庭拱手告辞。广源禅师说："颜施主，恕贫僧不远送了。有空不妨再来与贫僧切磋！"颜耀庭抱手谢过，离开了华林寺。

回到武馆后，颜耀庭心里不是滋味，老在揣摩，用什么方法可破广源的棉花肚。他陷入苦思，晚餐也毫无胃口。颜妻见此情景，想了想，对颜耀庭说："夫君，我知你所愁，不是柴米油盐，而是武林中事。其实你何不去问一问官伯兄，也许他能帮你的忙。"

妻子的话提醒了颜耀庭，于是他来到宝华路黑门楼的蔡李佛武馆，拜见义兄陈官伯。颜氏坐下后，将来龙去脉一一告诉了义兄。

陈官伯听了笑着说："贤弟，你有所不知，此人乃罗浮山白鹤观的笑和尚，曾得少林寺蔡福和尚遗技，其于少林铁肚最有功底，非一般人可破！"

颜耀庭闻言，"哦"声点头。陈官伯继续说："此铁肚，家父也曾练过，因而知其破法。"陈官伯的父亲陈享，是南粤名拳蔡李佛拳的创始人，亦曾拜蔡福和尚为师。颜耀庭一听大喜，连忙追问如何可破。陈官伯说："用连环手可破。"

颜耀庭问："义兄，什么是连环手呢？"陈官伯说："此手无形，即右手一拳打出之后，拳不可收，立变凤眼槌，以食指骨节往下一刮，其人丹田必消；然后复变掌一撑，此铁肚就破了。"两人谈过一阵后，颜氏起身告辞。临行时，陈官伯交代颜氏说："贤弟，未到必要时，切不可破人功法。"颜氏点头答应。但颜耀庭心中始终不服，况且广源禅师说过有空可再去切磋。于是过了两天，颜氏与徒弟"大只威"再次去会广源禅师。

这回，颜耀庭按陈官伯所教之法，一拳打去之后，立变拳指一刮。广源禅师顶不住此刮，不禁"嘻"声一笑，丹田之气顿消。颜耀庭抓住机会，复变一掌撑去。哗，这一掌足有八百斤，笑和尚如何能顶得住，立刻后退了七八步。颜耀庭终于破了广源禅师的铁肚功。①

颜耀庭在泮塘习成堂执教后，慕名学习蔡李佛拳术的人非常多，可谓人风鼎盛，使泮塘的蔡李佛拳术成为传统文化的亮点。泮塘村民非常敬慕颜耀庭的武德和医德，故此便在泮塘"习成堂"名称后加了"颜馆"二字，以示对颜耀庭的敬重，自此，"习成堂颜馆"便成为广州西关非常有名气的民间活动组织。为了使研习拳术的乡民既能强身健身，又有良好的武德，颜耀庭在泮塘还写下了《习成堂颜馆馆训》以约束学徒的行为，该训示至今仍被保留在泮塘五约的三官庙旧址中，成为村民尚武民风的一个印记。习成堂颜馆在泮塘树立了正气，也培育了西关荔湾的朴实民风。②

---

① 详见梁达《西关武林旧事》，广州：广州出版社，1996年，第49—54页。

② 广州泮塘传统历史文化.泮塘习成堂颜馆受邀参加新会陈享公诞辰纪念活动[EB/OL].(2018-8-19)[2018-8-19]. https://mp.weixin.qq.com/s/YVZRjIP_rjQzhftB82kQZw.

三、誉满羊城的星腔泰斗李少芳

李少芳（1920年—1998年），广东省南海县（今荔湾泮塘）人，故居在泮塘五约直街74号，受家庭熏陶影响，从小热爱粤曲。12岁时（1932年）师从莫志勤学唱粤曲平喉。同年起开始在广州、佛山等地演出，16岁时更得到当时平喉四大唱家：小明星、徐柳仙、张月儿、张惠芳的指导，并在广东、香港、澳门多地同台演出，在艺术路道上崭露头角。李少芳的唱功善于刻画人物和抒发感情，深受同行和群众的喜爱，曾经演唱过众多名曲，其中，一曲描写羊城八景的《萝岗香雪》，更是深入人心，至今仍传唱不衰。她的星腔艺术造诣极深，行腔自如，韵味淳厚，深沉委婉，韵律铿锵。由于她的曲艺超群，被视为星腔艺术的传承者，享有"星腔泰斗"之美誉。

泮塘村李少芳（图片来源：网络）

李少芳从艺后便甚少在泮塘五约居住了，但她并没有忘记泮塘，每逢重大的村乡节庆，强烈的乡土情怀驱使她欣然应邀回到泮塘表演助兴。例如，每年农历三月初三是传统北帝诞，舞狮子、耍技击、做大戏、唱曲艺等是泮塘乡众的主要节庆活动，在仁威庙前搭起的舞台上，就总有这位"星腔泰斗"的身影，一曲未完，台下的泮塘乡众早已掌声如雷。

抗日战争期间，李少芳曾经演唱过《人类公敌》《烽火满危关》《恨锁卢沟月》等一批宣传抗日的粤曲，以唤醒民众，支持抗战。至时今天，广州、香港两地的老一辈知音中，仍然熟知李少芳因演唱《光荣何价》而"惹祸上身"的故事。《光荣何价》是著名撰曲家吴一啸的作品，曲中"起救危亡，当令同胞钦敬""光荣何价卿知否""洒将热血亦要把国运重兴"等唱词振聋发聩，激励人心，唱出了当时千千万万不愿意当亡国奴的国人心声。一曲风行，万人传唱。

　　1941年，沦陷后的香港已成为孤岛，李少芳当时仍然在香港中环的莲香茶楼演唱抗日粤曲《光荣何价》，大受听众好评。某天晚上，她在歌坛一曲刚罢便掌声四起，听众一边流着热泪，一边连声叫好。可是李少芳刚刚走入后台，一队日本宪兵早就"恭候"她了，他们将李少芳戴上镣铐并带走，罪名是"煽动抗日情绪"，李少芳带着未满月的孩子被关进了赤柱监狱整整一年。

　　至今泮塘五约的村民们也没有忘记李少芳的义举，常称赞道："李少芳是我们敦本堂的骄傲，在抗战的时候做了不少努力，她因为支持共产党，在香港义演，号召华侨、有志者捐钱，还蹲过监狱呢！"（李姓村民V）

　　中华人民共和国成立后，李少芳在广东民间音乐团全身心投入曲艺事业，1958年底，广东民间音乐团改制为广东音乐曲艺团，李少芳被调到了广东省广播电台戏曲组，专门负责粤剧和粤曲节目的录音和播出，直至退休。期间，她曾被推选为中国曲艺家协会广州分会副主席，并长期任教于广州音专，从事民族声乐教学工作。退休之后，李少芳仍然经常到广州星海音乐学院授课传艺，风雨无阻，乐此不疲，深受师生景仰。1995年秋，她录制的唱片《孔雀东南飞》荣获中国唱片公司粤曲金唱片奖，成为她毕生艺术成就的升华。晚年的李少芳通过口述整理，出版了《李少芳粤曲从艺录》一书，该书展现了一代名伶毕生从艺的悲喜苦乐，更将演绎星腔的艺术心得和经验无私地传给了后辈。①

---

① 广州泮塘传统历史文化.泮塘旧话 誉满泮塘的星腔泰斗李少芳[EB/OL].(2018-5-14)[2018-5-14]. https://mp.weixin.qq.com/s/nfyUKEYaETb0BV0gfunXug.

四、南派漫画家李凡夫

  李凡夫原名李和，字德尊（曾用笔名：古吉言、陈兴福），1906年出生于广州西关泮塘，是当时一位著名的岭南派漫画家、文物鉴赏收藏家。由于李凡夫自幼在西关泮塘一带长大，生活接触面广，对社会低层市民的生活了解较多，他经常深入下层社会，例如，会到小茶店去玩十五胡，到长寿路水塔脚跟三教九流交朋友等，因此，他的作品多以反映老广州民情为题材，特别是平民百姓的生活、习俗和疾苦，颇有影响力。他创作的"何老大"是最成功的漫画人物形象，"何老大"系列的漫画幽默诙谐，写尽了人间沧桑和世态炎凉，深受到广大读者的热捧。当时有读者褒评"北有《王先生》（叶浅予在上海发表的连环漫画），南有《何老大》"。著名漫画家廖冰兄也经曾说："当年凡夫的漫画犹如广东菜式一样，最合粤人口味。中国画有岭南派，依我看来，当年漫画也有岭南派，凡夫便是岭南派漫画最突出的代表。"

  1924年，18岁的李凡夫加入中国南方第一个研究西洋美术的团体——尺社（又名赤社），从事绘画的学习和教学。三十年代时，20出头的李凡夫便跟美术家梁晃一起，在泮塘附近的逢源大横街2号二楼组建了一个艺术工作室，取雅号"光寸二屋"。"光寸二屋"喻意高雅，梁晃的"晃"字去"日"为"光"，李凡夫字德尊，"尊"字去"酉"为"寸"。当时日本侵略者正在东北三省肆虐，国民同仇敌忾，"光寸二屋"既有"一寸光阴一寸金"的自勉之意，同时，去"日酉"也有驱除日寇之意味，蕴含了李凡夫深厚的民族情怀。

  李凡夫起初学习水彩画，他觉得家乡西关泮塘一带有树木、河涌、村落、田基，所以就经常在那里写生，练就了过硬的绘画基本功。后来，李凡夫又尝试使用墨线画漫画，并向《国华报》投稿，并成功地慢慢完成了艺术生涯的转型。

  李凡夫漫画中的"何老大"形象，与当时另一位著名的岭南派漫画家叶

李凡夫漫画《何老大》（图片来源：网络）

因泉先生（1903年—1967年）渊源极深。1929年，叶因泉在广州创办了非常有代表性的《半角漫画》期刊，该刊物每期四开一张，采用三色石印，逢星期六日下午发行，由于售价5分钱（半角），故称《半角漫画》，该刊是中华人民共和国成立前广东存在时间最长的漫画期刊，在广东的漫画史上占有极其重要的地位。其后，李凡夫和叶因泉两人便在《半角漫画》合作发表长篇连环漫画《阿老大》，漫画内容主要反映黄包车夫、清粪工人、卖唱者、流莺等社会低层人士的潦倒生活。《半角漫画》封面的那个大眼睛、头发蓬松、面孔瘦削的头像就是阿老大的形象。

1935年前后，叶因泉把"阿老大"的形象无条件转让给李凡夫进行经营，李凡夫根据生活阅历，将"阿老大"形象进一步加工变成了"何老大"。由此，长篇连环漫画《何老大》就在广州《诚报》上发表四格连载，"何老大"人物形象变得更加典型，现在的许多老广州人对此仍有深刻印象。常说，艺术源于生活，又高于生活，李凡夫用才华和阅历塑造的"何老大"形象，其实也是西关泮塘一带的乡土人情的艺术缩影。

抗战胜利后，李凡夫便到了香港，跟他以前在《国华报》《诚报》的好友再度合作办起《诚报》，继续发展漫画事业。1959年，李凡夫与李凌翰、陈子多、区晴、黄蒙田、郑家镇等一众漫画家合资，出版了《漫画世界》半月刊，再度掀起了香港漫画热潮。李凡夫创作的漫画人物形象深入人心，除了有"何老大"之外，还有"肥鬼陈""陈大官"（肥陈精灵可爱的儿子）等，这些人物形态夸张、幽默诙谐、语言风趣，深受人们所喜爱。但是，1967年在《成报》上刊登的"大官戏弄大象"漫画，却成为了李凡夫漫画的绝笔之作，该漫画的第四格画了一只大象跳跃在半空并扑向"陈大官"，把"陈大官"吓得脸无人色。在漫画刊登的第二天，就传来了李凡夫因游泳时突发心脑血管疾病而逝世的消息，"大官戏弄大象"的漫画无疑就成了"画谶"（谶：迷信指事后应验之意），等于预兆大象压死了"大官"，"大官"形象就从此便跟读者告别。这位为中国文化事业奋斗了一生岭南派漫画大师，也挥别了广大的读者。[①]

五、"泮塘公主"潘峭风

民初时期，广州市西关多宝区的泮塘警察局长名叫潘超如，祖籍顺德，是一位追随孙中山先生的知名民主革命人士。潘超如生有二女一子，长女叫潘峭风，后来成为一位著名的装饰画家，伶俐聪慧的潘峭风（1912年—2004年）自幼在西关泮塘长大，人称"泮塘公主"。

1928年，16岁的潘峭风考入了广州市立美术学校图案系，机缘巧合，当时大名鼎鼎的图案画家陈之佛大师南下讲学，并把潘峭风收为入室女弟子，传授画技。1929年，潘峭风与当时著名的岭南派漫画家叶因泉结为伉俪，并帮助丈夫办好《半角漫画》杂志。1933年，潘峭风在广州第一届艺术节中，以装饰画夺得冠军。同年，她又继续到日本求学深造，考入当时日本最大规模的东京艺术学校（国立东京艺术大学前身），受到严格的艺术训炼。

1935年潘峭风回国后，一面投身美术教学，一面努力创作。潘峭风在传统的基础上，不断探索、创新，脱颖而出，独树一帜。1937年，她的装饰画《虢国夫人》，入选第一届全国美展，并获优秀奖。

1938年广州沦陷，潘峭风则带着三个子女逃到香港，生活极度困难，靠制作布袋木偶玩具卖钱糊口。太平洋战争爆发后，香港又沦陷，当时的日

本驻香港领事就住在潘峭风隔邻，知道潘峭风曾在日本留学并通晓日语，就想以高薪聘她当翻译。潘峭风不愿当汉奸走狗，于是带着子女连夜回到内地。

广州解放后，叶因泉、潘峭风夫妇到了香港继续发展艺术事业，三个子女留在广州攻读艺术，在她的鼓励下，两个女儿先后考入中南美专，儿子参加了中国人民解放军，后来也从事美术事业。

潘峭风在香港发挥所长，创作了许多大型装饰壁画和图案设计，如尖沙咀国宾大酒店的嵌瓷大壁画《孔子周游列国》、王大仙大成中学的门顶壁画《麟吐玉书》、宋皇台公园纪念碑顶的图案装饰等，都令艺林瞩目，观众仰止。

潘峭风的大名不胫而走，1962年获得香港艺术设计奖，1968年当选香港第十届中国美术会执行委员会副主任委员，1974年当选香港第十一届美术会监察委员。1980年之后，她和三个子女先后移居美国，活跃在美国画坛，她的艺术成就被收入《北美华裔艺术家名人录》。

1987年，中山图书馆展出了潘峭风丈夫叶因泉的《抗战流民图》，次年又在叶因泉的家乡台山再次展出，潘峭风获知消息后，立即在家人陪同下回到台山参观。

1993年6月，由廖冰兄、江沛扬执笔的一篇名为《不要忘记潘峭风》的文章在香港《大公报》发表，使在美国安享晚年的潘峭风欣慰不已。2004年初，潘峭风在家不慎跌倒，不治辞世，享年92岁。[1]

六、"泮塘皇帝"李润

有着"泮塘皇帝"外号的李润，又名李润仔、李运祀。约为1912年生，泮塘人，1938年广州沦陷时期任国民党六十三军杀敌队第三大队队长；除此之外，他还任伪广州警察局手枪队队长，也正是基于这个原因，后

---

[1] 江沛扬，《"泮塘公主"潘峭风》，载《羊城古今》，2004年。

第十章　泮塘历史名人轶事

185

人多认为他是"汉奸"。1944年兼军事委员会别动军第一纵队广州行动队第三组组长，同年7月，复任该队独立第三十七区队长。据传闻，他凭借敌伪势力鱼肉人民，为非作歹，"泮塘皇帝"的外号，也由此而来。据当时《正华报》记载："盘踞市西一带，拥有地方势力，武器多如山积，故历届为伪府人物多畏其势力，故必捧其出任要职；哪怕国民党宣布撤退时，均以重金聘此"皇帝"镇压保护，闻保护费港币十万元，先由商人筹交5万，皇帝收款后，即派出爪牙三十余人到点保护……"[1]

1945年9月，日本宣布投降后，他曾匿无踪迹，后凭借金钱，谋得一官半职。后被仇家控告，曾判刑15年，褫夺公权10年，财产全部没收。后他于1949年10月逃往中山，有一说他在中山被刺击毙，也有一说他后逃往香港不知所踪。

1947年泮塘皇帝李润被判决的新闻
（资料来源：《岭南日报》1947年3月2日第3版）

泮塘皇帝李润遇刺新闻
（资料来源：《正华报》1949年10月26日第1版）

① 《正华报》1949年10月26日第1版

因此，但对于他的评价具有一定争议，有人说他依权敛财，自组"飞龙堂"（那个时期的黑社会），逼迫乡民缴纳保护费，据当时《正华报》记载，在广州郊外白沙、黄竹岐一带河面，勒收船只行水，开设烟赌，强迫农民缴纳禾票，每亩收谷60斤[1]。但同时，也有人认为："这些人就是当时的黑社会，他们在外面会收取保护费，他回到家里就是乡民，对乡民而言，他们毕竟在当时的乱世之中，保护了一方安定。"（李姓村民A）

对于他是否为"汉奸"一事。在当时的新闻报道中，曾说他任职伪军，是奉令而为，借以掩护工作，以伪军的身份，与日本方面斡旋。故此，当时对他的公诉中，通敌叛国罪名并未成立，而只是对其烟毒、收取保护费等事项进行判罚。

李润公诉判罚新闻

（资料来源：《国华报》1947年4月24日第5版）

---

① 《国华报》1947年4月24日第5版

七、泮塘近现代其他名人

吕周：兴中会、同盟会成员，与颜耀庭为好友和黄兴是好友。邀请颜耀庭来泮塘传授武术。并在黄兴刺杀清政府某官员失败后，协助黄兴在泮塘避难。

黄永成：广州起义西片农军的副总指挥，珠江纵队成员，大革命时期泮塘农民协会主席，黄埔军校学员，国民党42师炮兵少将。

李文棠：国民党少将。

刘成：颜耀庭弟子之一，1928年泮塘村联防队的队长，习成堂的教头。

何牛：颜耀庭弟子之一，在泮塘五约跟随颜耀庭学习拳法，广州解放之后，何牛去到香港继续发扬蔡李佛拳术，曾受聘于港九茶居总会及各分部，也担任过蔡李佛始祖陈享公纪念总会副主席，桃李满门。1967年，何牛在新界粉岭军地开设何牛健身院分院（即现在的香港蔡李佛何牛同学康乐会），将他的毕生所学传授给军地村的徒弟。

何牛拳师（图片来源：网络）

何牛拳师旧居现状（拍摄于2022年）

后　记

　　记录编纂《泮塘五约口述史》的过程，伴随着泮塘五约从废墟到齐整，再到逐渐焕发活力的蜕变。

　　2016年泮塘五约微改造之前，我无缘亲历这里的往昔，也只是从村民口中与新闻媒体的报道中了解到——自2007年"公园扩建"将泮塘五约纳入征拆范围，到2013年"西关广场"进一步扩大征拆范围；直至2016年政策调整，广州执行新的《城市更新办法》，随后将泮塘五约列为微改造试点项目，才结束了泮塘五约持续9年的伤痛，重新有了转机。

　　2016年微改造开始后，主要针对已征公房的修缮、基础服务设施的完善、公共空间环境的提升等内容开展环境改善工作。当时，作为设计单位的象城建筑，除了完成设计任务，还投入了两名社区规划师（芮光晔、黄润琳），希望透过与居民的社区参与，一方面摸查村内的历史文化资源，以便在尊重村落风貌与历史文化资源的前提下，对老村进行适度改造与更新；另一方面了解居民真实的日常生活诉求，可以在微改造的设计中增加必要的生活及公共服务设施，环境提升更符合居民的需求。大家希望透过微改造的过程，重新建立泮塘五约村与周边公园的积极联系，使村落有机融入城市。

　　我们作为社区规划师，就在这样的背景下，自2017年的三月三北帝诞，走进了泮塘五约，开启了我们和这里持续的缘分。第一次进入泮塘五约，与残垣断壁、破败萧条的环境形成强烈反差的是村民们传承传统节庆的一丝不苟与"隆咚锵"中的热烈。这让我感受到了好似绝处逢生的生命力和大家发自内心的对地方文化的认同感。

　　接下来，我们趁微改造推动参与式规划设计。在这个过程中，我们和大家讨论祠堂、宗族，讨论庙宇、信仰，讨论以前的农耕、五秀与整个村落的空间演变，我们听了很多以前泮塘的"故事"，而这些老人家口中的秀丽图景与眼前的破败萧条，常常令大家感叹。故此，我们与各位乡亲共同合作了"我家在五约——泮塘五约历史文化展"。透过展览的筹备，我们听到了更多以前关于泮塘的故事，每次我们将收集到的照片、资料拿给老人家们看的时候，大家都集聚一堂，相聊甚欢。累积在我们脑中这些片段化的故事越多，我们越觉得需要大家一起把这些故事好好地整理出来。于是，在中青年人自发发起"广州泮塘传统历史文化"公众号之际，我们不约而同地与村中伙伴们，共同开启了《泮塘五约口述史》的资料收集与梳理。

当时虽然为自发的非正式项目，却怀有郑重而祈愿般的心情。还记得先是翻遍了手边所能找到的地方口述史或村志书籍，忐忑写出口述史框架后，和五约长老及中青伙伴们经过几轮的沟通共修、确认。继而2017年—2019年期间，以纲为引，按纲索骥，滚雪球一般去寻找访谈人。我们在这个过程中，一共详细访谈了约45位村民，内容也逐渐丰满；在三官庙里、在五约直街88号的临时办公室、在醒狮和龙舟训练后的集体夜宵茶楼、在历史记忆空间现场、在泮塘街头巷尾、在多位乡亲家内，有男女老少、有日夜寒暑、有臭汗、有香茶、有笑语、有眼泪、有响亮、有沉默、有脏话调侃、有诗意感慨……一个个关于泮塘、关于五约乡村的记忆被讲述嘱托，一段段多彩人生和地方精彩的见证在流淌汇聚。这当中，除了有象城对我们"任性行为"的支持，也有泮塘乡亲与中青年们的多番牵线，还有好多热心伙伴的共同参与采访和协助听打逐字稿。说实话，身体是累的，但心情却是开心的。在逐渐拼凑出这幅庞大、纷繁、让人喜悟又感慨的广州西郊泮塘记忆图景时，心中也屡屡被泮塘和五约的精神、行动所打动。

但打好逐字稿只是口述史编撰开始的第一步。接下来是需要把信息饱和的逐字稿，按照谈论的话题分类，再找历史文献的相应佐证，扒梳主干，再整理书写；这个工作繁复而且困难。因为难，口述史的事情进展缓慢，但周边的环境却一直在变，2018年泮塘五约微改造成立了共同缔造委员会，2019年泮塘五约微改造基本完工，泮塘五约的物质空间环境得到蜕变，同年荔湾区文商旅中心对外招商，引入新的商业活力。到了2022年，荔湾区住建局启动以泮塘五约"历史文化遗产"修缮为主的环境提升。在此期间，有5位参与过口述的老人相继离世，这对我们来说是莫大的鞭策，我们真的觉得不能再拖，不能在等。于是到2022年底，终于经过几轮的修改，逐渐成稿；同时获得了荔湾区文广旅体局的支持，使得这本《泮塘五约口述史》最终定稿，其出版之路也踏上正途。

回想起来，从2018年到现在，仿佛过了很久，又仿佛只是一瞬间。但无论如何，这都是一场奇迹，一场广承众多记忆和心愿，并经大家合力书写的奇迹！它见证的，不只是历史的片刻、文化的线索、西郊的脉络、泮塘的故事，更见证着村民们生命的共振，以及多方参与、共同传承、共同缔造的新价值！

谨以此后记，感谢所有参与了这本《泮塘五约口述史》的口述者与编纂工作者。感谢泮塘五约，这片乡土的接纳、包容、精彩，也让我们从中学到太多，成长太多。感谢权叔，您在我们眼中就是传承泮塘五约历史文化的"宝"，不仅是讲古，更重要的是身体力行的实践与传承，您坚守这份文化的精神一直是鼓励、支持我们在万难中推进的动力。还要感谢成叔、善叔、雄叔、锦叔，我想要对你们道句"对不起，我们真的拖了太久了"。感谢辉哥，全程参与编纂、修订，提出宝贵意见；感谢杨志文博士和诸多志愿者们，协助我们打逐字稿、查阅历史文献，编纂成稿。没有大家的协助，只靠我们单薄的力量怕是会更难。感谢彭伟文教授，您不仅为我们提供了宝贵的历史文献，同时句句求证、细致入微地逐字校稿，这都为本书成稿提供了非常好的建议。感谢荔湾区文广旅体局、广州市伙伴计划与支持了2019年"99公益日"，感谢"泮塘小社区，微心愿"项目的朋友们，大家的支持使得这本口述史得以逐步成稿、出版、扩大宣传。最后的最后，我要感谢所有关心、参与、支持过泮塘五约的乡亲与伙伴们，无论你在何方，深深感激能得到您的关心和陪伴，让这段奇迹能最终成真。

还记得泮塘青年贵恒哥说，要"传承不守旧，创新不忘本"。期待透过口述史共同行动，我们一起看见过去；而未来的泮塘故事和精神，留待你我大家，继续共同创造！

芮光晔、黄润琳
2023年11月6日

附录1：采访口述过程照片

附录2：泮塘五约微改造前后对比

微改造前（拍摄于2016年）　　　　　　　　　微改造后（拍摄于2021年）

微改造前（拍摄于2016年）　　　　　　　　　微改造后（拍摄于2021年）

微改造前（拍摄于2016年）　　　　　　　　微改造后（图片来源：象城建筑，拍摄于2024年）

附录3：参与口述人员信息

口述人编号	背景信息
李姓村民A	1940年代生，男性，村中长者，现长居村中
黄姓村民B	1950年代生，男性，村中长者，年轻时长居泮塘
李姓村民C	1940年代生，男性，村中长者，长居村中，现已离世
李姓村民D	1930年代生，男性，村中长者，拆迁时搬离，居附近，现已离世
李姓村民E	1940年代生，男性，村中长者，长居村中，现已离世
李姓村民F	1960年代生，男性，村中长者，现长居村中
李姓村民G	1960年代生，女性，村中长者，年轻时长居泮塘
李姓村民H	1950年代生，男性，村中长者，长居村中，现已离世
黄姓村民I	1930年代生，男性，村中长者，现长居村中
植姓村民J	1940年代生，男性，村中长者，现长居村中
黄姓村民K	1980年代生，男性，村中中青年人，年轻时长居泮塘
李姓村民L	1980年代生，女性，村中中青年人，现长居村中
暨姓村民M	1940年代生，男性，村中长者，现长居村中
黄姓村民N	1950年代生，男性，村中长者，现长居村中
黄姓村民O	1950年代生，男性，村中长者，现长居村中
李姓村民P	1970年代生，男性，村中中年人，现长居村中
刘姓村民Q	1930年代生，女性，村中长者，现长居村中
李姓村民R	1950年代生，女性，村中长者，长居村中，现已离世
李姓村民S	1940年代生，男性，村中长者，现长居村中
植姓村民T	1950年代生，女性，村中长者，年轻时长居泮塘
黄姓村民U	1940年代生，女性，村中长者，年轻时长居泮塘
李姓村民V	1970年代生，男性，村中中年人，现长居村中
黄姓村民W	1970年代生，男性，村中中年人，现长居村中
李姓村民X	1960年代生，男性，村中中年人，现长居村中
附近商家Y	女性，泮塘附近马蹄粉店老板娘

特别鸣谢

（1）参与口述及支持《泮塘五约口述史》的乡亲（排名不分先后）

黄永甫、黄咸苏、黄啓恕、李承就、黄啟福、李孙祺、植文杰、李必威、黄俊会、李声权、黄啟胜、李承满、李传信、李信昌、李传康、黄俊赐、黄啟满、李声浩、李声华、李文虾、黄余昌、李文乐、植冶强、植冶真、杨　会、黄有祥、暨图卫、李声国、李成球、李孙权、李奕泉、李翼光、黄啟星、李声健、黄有联、黄有海、李承有、黄啟联、黄有昇、黄馀振、黄有馀、黄啟甜、黄俊浩、余永祥、黄馀标、黄啟钊、黄　强、刘裕兴、杨建乐、刘　享、李寿景、黄馀超、李世裕、黄俊坚、黄良辉、李世光、李健华、李传有、李传毅、植光耀、植光杰、植光兴、李世亮、李贵恒、江健良、黄俊嵘、朱兆成、叶湛诚、黄庆峰、谢其广、植冶辉、李承坚、黄有新、李必康、陆宏俊、刘　爱、植洁莲、刘三妹、李　容、李燕琼、李少华、黄成富、黄燕琼、李少薇、李燕军、李燕琼、谢喜华、黄俊广、梁顺环、马蹄粉老板娘等。

参与口述已离世的乡亲：李必雄、李孙善、李声威、李燕锦、李瑞红、暨图赞、李文钢、黄有窝、李文锐、李必开

（2）参与编纂、整理、校对的志愿者（排名不分先后）

学术顾问：黄淼章、冯永驱、肖旻
泮塘五约村民志愿者：李声权、黄良辉、李寿景、黄俊坚、李贵恒、黄俊杰、江健良

志愿者：芮光晔、黄润琳、杨智文、彭伟文、幸　晔、邢　懿、李　睿、李楚欣、梁静思、李　鸣、郑宇柔、刘虹秀、黄　旭、钱小青、林　茵、谭俊杰、何伟杰、何美莹、韩婧莹、陈金凤、车红艳、王婷婷

封面题字：李世光

封面图片设计：李鸣、芮光晔